KB125433

인생을 바꾸는

기적의 스피치

인생을 바꾸는
기적의
스피치

초판 1쇄 발행 2022년 9월 15일
2쇄 발행 2022년 12월 1일

지 은 이   최현혜
발 행 인   권선복
편   집   최인석
디 자 인   김소영
전 자 책   서보미
마 케 팅   권보송
발 행 처   도서출판 행복에너지
출판등록   제315-2011-000035호
주   소   (157-010) 서울특별시 강서구 화곡로 232
전   화   0505-613-6133
팩   스   0303-0799-1560
홈페이지   www.happybook.or.kr
이 메 일   ksbdata@daum.net

값 17,000원

ISBN   979-11-92486-19-2(13190)

Copyright ⓒ 최현혜, 2022

도서출판 행복에너지는 독자 여러분의 아이디어와 원고 투고를 기다립니다. 책으로 만들기를
원하는 콘텐츠가 있으신 분은 이메일이나 홈페이지를 통해 간단한 기획서와 기획 의도, 연락
처 등을 보내주십시오. 행복에너지의 문은 언제나 활짝 열려 있습니다.

인생을 바꾸는
기적의
스피치

speech

최현혜 지음

도서
출판 행복에너지

프롤로그

말투가 곧
나 자신이다

'평생 이렇게 살 수는 없어.'

2020년 2월 코로나 사태를 맞고 들었던 생각이다. (우여곡절 속에 작은 공간을 마련해 센터를 운영하던 중에 충격적인 상황을 맞았던 것이다.) 지금까지 겪었던 어려움들이 하나둘씩 스쳐갔다. '지난 10년간 반복했던 실망과 후회의 삶으로 돌아갈 수 없다.' 그러나 내가 겪은 것들은 겨우 10년간 일어난 일들이었다. 내 인생은 50년도 더 남았는데 얼마나 더 많은 일들을 겪을 것인지 아무도 모를 일이다. 앞으로 내가 만날 어려움에 어떻게 대처할 것인가? 이것을 대비해 놓지 않으면 남은 인생 동안 큰 괴로움 속에서 빠져나올 수 없다.

'지난 20년 동안 내가 가장 하고 싶었던 게 뭐지?'

방송인이 되고 싶었던 것이 가장 큰 꿈이었다.

'그래. 요즘은 꼭 방송인이 아니더라도 일반인도 얼마든지 자신을 드러내고 멋지게 사는 시대야.'

「세상을 바꾸는 시간, 15분」처럼 '나도 그런 무대에 서면 정말 멋질 것 같다'는 생각이 들었다. 「유 퀴즈 온 더 블록」같은 프로그램에 출연하면 얼마나 멋질까?'라는 생각도 했다.

이런 상상을 하나둘 하다 보니 기분이 좋아졌다. 성공한 사람들이 입을 모아 말하는 것이 이런 것이다. 이미 성공한 나의 모습, 내 꿈을 이룬 상상을 하면 성공을 위한 발을 떼게 되어 있다는 것이 바로 이것이다. '생각만 하는 것은 죽은 생각이다'라는 말이 있다. 나는 지난 시간 원하는 바를 이루지 못할 것이라는 상상만 해왔다. 내가 원하는 것은 이루어지지 않을 것이라 확신했으니 당연히 일상은 나아질 리가 없다. 더 이상 외부적으로 들어오는 부정적인 기운과 내가 스스로 만들어내는 부정적 에너지에 빠져있을 수 없었다. 그것들에게서 벗어나기 위한 첫 발이 바로 "스피치를 배우는 것"이었다.

스피치를 배우면서 많은 것을 알게 됐다. 스피치는 단순히 말을 잘하기 위해 배우는 것이 아니다. 나의 목소리와 자세, 스피치를 위한 주제선정과 말투, 상대방의 말에 경청하는 예의 등 나의 본질을 하나하나 샅샅이 살펴볼 수 있다. 평소 내 말투가 어떤지 자세가 어떤지 직접 녹화된 내 모습을 보면 다른 사람 눈에 비친 내 모습을 객관적으로 파악하게 된다. 파악했다는 것은 장단점과 양상을 알아냈다는 것이다. 스피치를 하는 동안 내 표정이 굳어있지 않고 편안해 보인다면 그것이 장점이 된다. 또한 손을 어디에 둬야 할지 몰라 손 위치가 어색하다면 보완하면 된다. 이런 것 하나하나가 다른 사람 눈에 비춰질 내 모습에 많은 영향을 준다. 스피치에서 배우는 여러 요인들이 모여 면접상황은 물론이고 대화에서도 내 이미지를 결정하게 된다. 스피치는 무대 위에서 하는 연설만이 아니기 때문이다.

"네 아저씨. 아니오. 그 길 말고 다른 길로 와야 하는데. 잘 못 찾겠어요? 다른 아저씨들은 여기 다 알던데. 네네. 빨리 좀 와 주세요."

가족과 외식 중에 옆 테이블의 한 젊은 여성과 대리운전기사의 통화내용이 들렸다. 나와 남편, 큰딸과 눈이 마주쳤다. 얼마 후 도착한 대리운전기사의 전화를 받고 젊은 여성이 나간 뒤 큰 딸이 나에게 물었다.
"엄마, 왜 저 사람은 대리운전기사님한테 아저씨라 하고 반말 하는 거야?"
"음… 글쎄… 그냥 말투가 좋지 않아서 그런 것 같기도 하고…."

"그럼 말투를 고쳐야지! 대신해서 운전해 주시는 대리운전기 사님한테 감사해야 한다고 엄마가 그랬잖아! 막 반말하고 그럼 안 되지!"

"그래 맞아. 그래서 엄마가 항상 말투에 신경 쓰라고 하는 거야. 말투가 곧 나 자신이거든."

그 젊은 여성은 자신의 말투에 대해서 생각해 본 적이 있었을 까? 말투를 바꾸지 않는다면 의도와는 다르게 전달되고 오해를 받기도 할 것이다. 스피치를 배우면 내 말투에 대해 객관적으로 파악할 수 있다. 말투가 좋지 않다면 말투를 바꿔야 할 필요성 도 크게 깨닫게 된다.

이 책을 읽어야 하는 궁극적인 목표가 여기에서 나타난다. 아 나운서나 전문 강연가가 집필한 스피치 관련 책은 많다. 하지만 일반인의 관점에서 본 스피치에 대한 책은 찾기 어렵다. 우리는 무대 위에서뿐만이 아닌 일상에서 늘 스피치를 하고 있다는 것 을 알 필요가 있고 그것이 매우 중요하다는 것을 알아야 한다.

요즘은 시대가 많이 달라졌다. 제아무리 똑똑하고 지식이 많 아도 드러내지 않으면 손해 보는 세상이다. "나 때는 말이야." 처럼, 조용하고 똑똑한 사람이 성공하는 시대가 아니라 나의 장 점을 드러내고 자신감에 차 있는 사람이 호감을 얻고 성공하는 시대다.

그렇다면 나의 장점을 효율 있게 드러내고 호감을 얻는 자신감은 어떻게 보여줄 수 있을까? 무작정 유튜브를 시작하고 사적인 자리에서 상냥하게 말하는 것으로 가능한 걸까?

여기에 대한 답은 이 책에 담겨 있다. 이 책을 통해 많은 사람들이 호감형의 목소리와 말투 그리고 자신감을 갖게 되었으면 한다. 스피치를 배움으로써 인생의 무기를 장착하고 삶을 긍정적으로 살아가길 바라며 행복한 나날을 맞이했으면 한다. 스피치를 배우고 옆에 있는 소중한 사람들과의 관계가 더욱 원만해지길 바라며 자신의 소중한 삶을 아름답게 빛내는 기적을 경험하길 바란다.

목차

2 당신의 가치를 높이는 스피치 기술은 따로 있다

3 어디서나 통하는 기적의 스피치 노하우

4 상대를 내 편으로 만드는 8가지 스피치 기술

5 최고의 경쟁력, 스피치 능력을 키워라

1장

스피치 기술은 인생을 바꾸는 최고의 무기다

스피치 기술은
인생을 바꾸는 최고의 무기다

"이제 언어치료도 의료보험이 된대." 동료 A가 내게 한 말이다. 이 말은 언어치료도 의사의 처방으로 제공된다는 뜻이다. 16년 동안 언어치료 전문가로 활동했다. 이후 큰 규모의 언어발달센터 운영을 계획했던 나로서는 큰 충격이었다. 물론 짧은 기간에 다 바뀌지는 않을 것이다. 그러나 이미 수도권 지역에서는 사업이 진행되고 있어 불안했다.

하지만 언어치료사는 사회변화 속에서도 없어지지 않을 직업 10위 안에 든다. 언어치료는 컴퓨터가 대신해 줄 수 없기 때문이다. 오직 인간만이 제공할 수 있는 영역이다. 그리고 의료보험화가 되더라도 사설언어치료센터를 선택할 사람은 사설언어치료센터로 간다. 언어치료사는 정년퇴직이 없다. 게다가 내 적성에도 잘 맞다. 그래서 이 직업은 나만의 무기라 생각한다. 언어치료전문가로서 현재까지도 늘 최선을 다하고 있다.

우연히 인터넷에서 개그맨 김해준의 유튜브 「카페 사장 최준」의 영상을 보았다. 그는 동대문 옷 가게 사장, 「쿨제이」「코미디빅리그」개그맨이자 유튜버이다. 그리고 개그맨 지망생 시절을 같이 보낸 멤버들과 함께하는 「피식대학」도 있다. 그야말로 본캐와 부캐를 자유자재로 넘나드는 사람이다.

영상을 보던 중 "그래! 이거다!" 자리에서 벌떡 일어섰다. '나도 부캐를 만들자. 개그맨 김해준처럼 부캐로 인생을 더 즐겁게 살자. 그것으로 수입도 내서 선한 영향력을 끼치는 사람이 되자.' 나는 늘 성공하고 싶다는 마음을 가지고 있었다. 부캐를 내 인생의 두 번째 무기로 만들자고 다짐했다. 그것만이 성공을 앞당길 수 있을 것 같았다.

그러나 정작 무엇을 어떻게 시작해야 하는지 감조차 잡히지 않았다. 여러 가지를 고민만 하다가 며칠을 보냈다. 개그맨 김해준은 자신이 좋아하고 잘하는 것으로 성공했다. 그렇다면 나도 내가 좋아하고 잘하는 것을 내세워야 한다고 생각했다.

'고등학교 3년을 교내방송부 아나운서로 활동했던 경험을 살려 볼까?' 그러나 지금에 와서 아나운서에 도전할 수는 없었다. 출중한 외모와 지성, 그리고 언론고시를 본다는 것은 세 아이 엄마인 내겐 까마득했다. 37세에 아이가 셋인 내가 아나운서가 되겠다며 언론고시 준비를 할 순 없지 않은가. 게다가 출중한 외모와 지성 또한 오르지 못할 나무라 생각했다.

"뜻이 있는 자에게 길이 있다"라는 말이 있다. 무엇이든 기필 코 성취하겠다는 뜻만 있다면 길이 열린다는 의미다. 반드시 또 다른 분야에 도전하고 성공하고 싶었다. 제2의 인생을 살아보 고자 하는 간절함 때문이었던 걸까? 퇴근길에 「공태영의 마스 터 스피치」 간판이 눈에 띄었다. 현역 방송인이 운영하는 스피 치 학원이라 더욱 믿음이 갔다. 바로 전화 걸어 상담 날짜를 잡 았다. 나는 무언가를 해야겠다고 생각하면 바로 실행해야 직성 이 풀린다. 내가 하면 다 성공할 수 있을 것 같았기 때문이다.

하지만 이내 '잘 되는 것보다 잘 안 되는 것이 더 많구나.'라고 생각했다. 결혼생활은 늘 행복하고 달콤한 것인 줄 알았으며, 출산을 해도 친정엄마와 시어머니의 적극적인 육아 동참이 가 능한 줄 알았다. 그래서 나의 커리어가 유지될 수 있다고 생각 했다. 아이에게 엄마가 필요할 때 항상 옆에 있어 줄 수 있으리 라 생각했다. 남편의 월급은 생활비요 내 월급은 적금이라 생각 했다.

마음처럼 되지 않는 일이 어디 이것뿐이랴? 글로 다 나열하기가 불가능할 정도다. '인생은 뜻대로 안 되는 것이 더 많구나'라는 생각이 커졌다. 점점 주어진 환경에서 그저 버텨내는 삶이 익숙해져 갔다. 그즈음 막내가 6살이 됐다. 보통 6살이 되면 유치원에 입학한다. 때가 됐으니 입학한다고 생각했는데, 아이 셋을 키우며 입학하는 이유를 확실히 알게 되었다. 인간은 단체생활을 하는 데 꼭 필요한 사회적 능력들이 있는데, 그중 하나인 '자조 능력'은 6살이 되면 월등히 좋아진다. 스스로 옷도 갈아입고 화장실도 갔다 온다. 스스로 양치질도 한다. 막내가 유치원에 입학했다. '야호!' 정말 기뻤다.

'드디어 스피치 학원에 다닐 수 있겠다.'라는 생각에 기뻤다. 그러나 학원에 전화했는데 생각지 못한 복병이 있었다. 오전에는 수업이 없다는 것이다. 워킹 맘인 나는 저녁 시간 위주로 개설되는 수업에 참여하기가 곤란했다. 수업 시간과 퇴근 후 집에서 아이들을 돌봐야 할 시간이 딱 겹치는 것이다. 머릿속이 복잡해졌다. 시간 조정이 가능한 개별지도를 감행하고 싶을 만큼 간절한 마음이 솟구쳤지만, 당시의 가계 경제 상황으로 개별지도 수업료 결제는 부담이 컸다.

"뜻이 있는 자에게 길이 있다"라는 말을 되새겼다. 10년이면 강산도 변한다고 한다. 결혼 10년 차다. 결혼 후 잃어버리게 된 나를 이제는 되찾아야 할 때였다. 기필코 수요일 19:30에 이 학원으로 와서 스피치 수업에 참여하고 말겠다는 마음이 강했다.

그래서 바로 등록했다. 기분이 이상했다. 아니, 이 상황에서 왜 이런 기분이 드는지 이상하다고 하는 게 맞는 표현이다. 오로지 나를 위한 수업료를 결제했다는 게 좋았던 걸까? 아니면 자기 계발을 위해 시간이 확보됐다는 사실이 좋았던 걸까? 도대체 수요일 19:30부터 누가 아이 셋을 돌봐줄 것인지 대책도 세우지 않고 뭐가 그리 좋았던 걸까? 걱정부터 앞서야 맞는 게 아닌가? 그때 내 기분은 LOVE DAY(2021)의 가사 '구름 위가 있다면 여기일까'와 딱 들어맞았다. 정말 구름 위에 올라가면 이런 기분이겠지 싶었다. 설레고 행복했다. 이날의 수강료 결제는 내 인생 두 번째 무기를 장착한 날이 됐다.

8주의 시간은 쏜살같이 지나갔다. 연이어 다음 과정인 프레젠테이션 8주를 등록했다. 총 16주 동안 수요일마다 꼬박꼬박 스피치 학원에 출석했다. 수업이 거듭될수록 스피치 능력이야말로 120세 시대에 필수라는 것을 확신하게 됐다.

요즘 잘나가는 1인 기업가들이 많다. 그들 중 말할 때 우물쭈물하는 사람은 없다. 아이돌 지망생들을 보자. '어쩜 저렇게 말도 잘할까?'라는 생각이 절로 든다. 그래서 더 눈에 띈다. 노래와 춤의 재능이 똑같다고 가정해 보자. 말을 잘 못하는 아이돌 지망생과 말까지 잘하는 아이돌 지망생 중에 누가 더 빨리 아이돌이 될까? 당연히 후자다.

말을 잘하는 사람은 항상 자신감에 차 있어 보인다. 그리고 뭘 해도 잘 해낼 것 같은 인상을 주기도 하며 그것이 주위 사람들을 끌어들인다. 또한, 많은 사람들과 긍정적 에너지를 주고받는다. 결국, 남들보다 빨리 성공할 수 있는 사이클을 돌릴 수밖에 없다.

스피치를 배우기 전에는 잘 되는 것보다 잘 안되는 것이 더 많다고 생각했다. 10년 동안 부정적인 시각으로 세상을 바라봤다. 하지만 스피치를 배운 후 180도 다른 시각으로 세상을 바라보고 있다. 자신감이 가득해지고 긍정적으로 변했다. 스피치는 말만 잘하게 되는 것이 아니다. 생각과 관점까지 긍정적으로 만들어주었고, 실제로 스피치를 배운 지 1년도 채 안 돼서 놀라운 일들이 일어났다. 내가 수강했던 「공태영의 마스터 스피치」 소속 스피치 강사로 채용됐다. 그리고 얼마 후 「대구MBC넥스랩」에도 출강했다. 이 모든 게 스피치 기술을 배우고 나서 겪은 기적이다. 스피치 기술을 배운 후 내 인생에 기적이 일어났다. 생각이 바뀌고 수입도 늘어났다.

스피치 기술은 내 인생을 바꾼 최고의 무기다. 언어치료기술이 전장의 지배자 탱크라면, 스피치 기술은 하늘의 지배자인 전투기다. 이제 세상은 100세 시대도 아닌 120세 시대다. 오랫동안 강력하게 살아남아야 한다. 그러기 위해서는 내가 전투기가 돼야 한다. 악함을 쏘는 전투기가 아닌 선함을 쏘는 전투기가 돼야 한다. 그래야 선한 영향력을 더 빠르고 정확하게 많이 쏠 수 있다. 당신도 스피치에 도전해보자. 당신의 인생에 나처럼 기적 같은 일이 일어날 것이다.

스피치는
지금의 내 삶을 대변한다

수강료 결제 후 당장 일주일 뒤에 있을 수업에 어떻게 가야 하나 매일 고민만 했다. 주위에 아이들을 돌봐주겠다고 할 만한 사람들도 있었다. 하지만 그것도 한두 번이다. 지속적인 부탁은 실례가 된다. 하루가 지날수록 마음이 조급해졌다. 하지만 포기하지 않았다. 방법을 찾기 위해 계속 머리를 굴리던 중 집 앞 큰 사거리에 붙은 현수막이 눈에 띄었다.

'정부지원 아이 돌보미 신청하세요.'

바로 주민 센터에 문의하여 아이 돌봄 서비스 신청 후 선생님을 배정받았다. 첫 스피치 수업 이틀 전이었다. 가장 큰 문제가 해결됐다. 아이들에게 이영희 선생님이 배정됐다. 낯선 사람에게 맡기는 것이 불안했지만, 아이들이 이영희 선생님을 무척 잘 따랐다. 이영희 선생님은 나에게 빛이자 구세주였다.

아이들을 맡긴 후 집을 나섰다. 엘리베이터 거울에 비친 내 모습을 봤다. 예쁜 원피스를 차려입은 내가 보였다. 평소보다 화장에 더 신경 쓴 내 얼굴도 보였다. 심장이 쿵쾅쿵쾅 뛰었고 결혼 전 내 모습을 보는 것 같아 반갑기까지 했다. 스피치 학원으로 가는 발걸음 소리도 평소와 달랐다. '또각또각' 결혼 전 들었던 익숙한 구두 굽 소리다. 그렇게 발뒤꿈치가 벗겨지고 피가 나도 포기하지 않았던 구두. 임신과 출산, 육아로 편한 운동화만 신고 다녔다. 운동화에 어울리는 티셔츠와 청바지만 입었다. 그랬던 내가 오늘은 높은 뾰족구두를 신고 원피스를 입었다. 차려입은 나를 다시 봤다. 스피치로 내 삶을 기적적으로 바꾸겠다고 또 다짐했다.

매주 수요일 19:30부터 21:00. 이영희 선생님 덕분에 스피치 수업에 온전히 집중할 수 있었다. '내가 이 시간에 집이 아닌 다른 공간에서 뭔가를 배우고 있다니. 본격 육아 타임인 이 시간에 내가 스피치 수업을 듣고 있다니!' 온 열정을 다했다. 원장님이 알려주시는 기술 어느 하나도 빠뜨리지 않으려 기를 썼다. 이왕 시작한 거니까 제대로 하자는 정도가 아니었다. 아이들까지 맡기고 듣는 스피치 수업이다. 무조건 성과를 내야 하고 같은 반 수강생 중에 내가 가장 뛰어나야 한다. 스피치로 강연가가 될 것이다. 그것으로 수입도 낼 것이다. 스피치로 사람들에게 선한 영향력을 끼칠 것이다.

오로지 '내가 1등'이라는 목표로 스피치 수업에 참여했다. 그 결과 마지막 공개발표 때에 최고 평가를 받았다. 마지막 공개발표가 끝나고 얼마 후 공태영 원장에게 연락이 왔다. 새로 개설된 유치부 스피치 반 수업을 맡아달라고 했다. 기적이 일어난 순간이다.

16주 동안 스피치 수업을 받았다. 그동안 버거운 순간도 많았다. 특히 스피치 수업이 있는 수요일은 집안일이 가장 문제였다. 아침에 나갔다가 밤에 돌아오느라 집안일을 할 수 없었다. 빨랫감, 설거짓거리, 꾀죄죄한 아이들, 밤 10시 현관문을 열면 태산같이 쌓인 집안일들이 나를 맞이했다. 마치 자정을 맞이한

신데렐라가 딱 내 마음과 같았으리라. 이영희 선생님에게도 민망했다. '아무리 워킹 맘이라도 그렇지. 집안 꼴을 이렇게 해 놓을 수가 있나.'라고 생각하시진 않을까 걱정했다. "선생님, 제가 수요일은 집안일에 손을 댈 수가 없네요. 너무 심하죠?" 괜히 멋쩍게 웃으며 말했다. "아이고 그런 생각 절대로 안 합니더. 우리 딸도 일하면서 애 키웁니더. 딸한테 일 마음껏 하라고 합니더. 지금 시대가 어느 시댄데. 남편도 한 달에 두 번 온다면서예. 애 셋 키우면서 일도 하고. 애기 엄마 너무너무 대견합니더." 순간 눈물이 왈칵 쏟아질 뻔했다. 간신히 참았다. "애들은 내가 사랑으로 잘 볼 테니까 애기 엄마는 하는 일 열심히 하이소마."

10년의 워킹 맘 생활이다. 게다가 3년을 주말부부로 지냈다. 말이 좋아 주말부부다. 남편의 근무지는 경기도였다. 2주 간격으로 나와 아이들을 보러 대구에 왔다. 아이들이 7살, 5살, 3살 때부터 남편과 떨어져 생활했다. 힘들어 쓰러지지 않는 내가 신기할 정도였다. 도중에 넘어진 적도 있었지만 스피치 수업을 시작한 후 지나왔던 모든 과정이 치유됐다. 스피치 수업을 받으면서 다른 수강생들의 삶을 간접적으로 경험했다. 나만 힘든 것이 아니라는 것을 깨달았다. 많은 사람이 삶이란 평탄하지 않다고들 말한다. 하지만 구체적인 사례들을 직접 들을 기회는 적다. 매시간 주제에 맞게 각자 스피치를 한다. 절대 끊을 수 없을 것 같던 술과 담배를 끊은 이야기, 공무원에 합격하기까지의 힘든 시간을 보낸 이야기, 임용고시에 합격하였으나 적성에 맞지 않아 선생님을 포기한 이야기, 우울증을 견뎌낸 이야기, 힘들었던 군대 생활을 견뎌낸 이야기 등을 보고 들었다. 나 또한 워킹 맘으로서 힘들었던 이야기, 앞으로의 꿈 이야기 등을 했다. 수강생들과 나는 서로의 이야기로 치유받았다.

스피치 수업을 받기 전, 나는 비합리적 신념을 갖고 살았다. 비합리적 신념이란, 인간 내면에 있는 비현실적이고 비논리적이며 전혀 성립될 수 없는 신념이다. 보통 지나치게 일반적이고 극단적이다. 예를 들면 '나는 모든 사람에게 인정받아야 해' 또는 '나만 왜 항상 이런 일을 겪는 거지?', '절대 상황이 좋아질 수 없어'라는 식이었지만, 스피치 수업을 받은 후 '모든 사람에게 인정받아야 하는 것은 아니야.', '그럴 수도 있지', '어제보다 오늘은 더 발전했어.'라는 식으로 바뀌었다.

스피치는 내 삶에서 지나온 삶, 현재의 삶, 미래의 삶을 대변한다. 과거를 되돌아보며 긍정적인 미래를 준비하게 된다. 과거에 힘들었기 때문에 미래도 힘들 것으로 생각하며 스피치를 하는 사람은 없다. 현재의 삶을 점검하고 앞으로의 미래를 계획한다. 내 미래를 부정적으로 계획해서 스피치를 하는 사람도 없다. 이루고 싶은 삶의 목표를 뚜렷하게 하고 다짐한다. 따라서 스피치는 내 인생을 대변한다. 내 인생을 대변하는 스피치로 미래를 긍정적으로 계획해보자. 현재의 비합리적 신념을 합리적 신념으로 바꾸고 힘든 일이 있을 때 주위 사람들에게 한탄하지 말자. 감정은 쉽게 전염된다. 긍정적인 감정이든 부정적인 마음이든 모두 쉽게 전염된다. 내 고민을 잘 들어주던 친구라도 후에는 당신의 전화를 일부러 받지 않게 될 것이다. 왜냐하면, 당신의 부정적 감정을 상대에게 반복적으로 전염시켰기 때문이다. 힘을 얻고 싶어서 했던 행동이 부정적인 결과를 낳을 뿐이다. 스피치를 하면 고민의 주제가 뚜렷해진다. 따라서 해결방법도 뚜렷해지고 부정적 감정이 긍정적 감정으로 바뀐다. 또한, 절대로 해결이 안 될 것 같은 고민이 해결되면서 비합리적 신념이 합리적 신념으로 바뀐다.

태산같이 쌓은 빨래는 '오늘도 열심히 하루를 보냈구나.'라고 여기자. 세탁기가 없던 시대를 떠올려보면 새삼 세탁기에 감사한 마음이 들 것이다. 꾀죄죄한 아이들은 씻기면 된다. 엄마의 손길이 그리워도 보채지 않고 잘 있어 준 아이들이다. 깨끗하게 씻고 웃는 얼굴로 엄마를 바라보는 눈빛에 초점을 두자. 오늘도 무사히 집에서 아이들을 만날 수 있음에 감사하게 될 것이다.

셋째가 태어난 지 6개월 즈음 때다. 친분이 있던 한의원장이 남편에게 함께 일을 하자고 제안했다. 그 당시 남편은 대구의 한 비뇨기과 병원의 사무장이었다. 비뇨기과 병원의 특성상 언제 전화 올지 모르는 요로결석 환자를 위해 24시간 대기해야 했다. 첫째가 5살, 둘째가 3살, 셋째가 1살이었다. 직장을 다니며 세 아이를 돌봤다. 남편의 도움이 가장 필요할 때 요로결석 환자에게 남편을 보내야 했다. 몸이 유난히 힘들 때면 오늘은 제발 환자가 없기를 간절히 바랐다. 당시의 상황을 생각하면 한의원장의 제안에 솔깃할 수밖에 없었다. 지금보다 출퇴근 시간을 보장받을 수 있기 때문이었다. 결국, 제안을 받아들였다. 새로운 직장으로 하루 이틀 출근하던 남편의 표정이 평소와는 달랐다. 하지만 모른 체했다. 혹시나 두려운 일이 생길까 봐 겁이 났기 때문이다. 어느 날 한밤중에 집에 있던 남편을 한의원장이 불러냈다. 불길했다. 남편이 한의원장을 만나고 집으로 돌아왔다. 한의원장이 5월 30일까지만 근무하고 퇴사하라는 것이었다. 그날 밤은 5월 20일이었다. 손이 부들부들 떨리고 화가 머리끝까지 났다. 열흘 남겨두고 퇴사 통보라니, 아는 사람이 더 무섭다더니 바로 이런 것인가 보다 했다. 그 말을 듣고 가만있었냐고 남편을 다그쳤다. 얼굴에 물이라도 확 끼얹지 그랬냐고, 인생 그렇게 사는 거 아니라고 퍼붓지 그랬냐고, 소리치며 화를 냈다. 알았다고 고개를 끄덕일 수밖에 없었을 남편이 그려졌다. 피가 거꾸로 솟는 기분이라는 게 이런 거구나 싶었다. 남편은 사람이 아무리 그래도 그렇게 행동하면 안 되는 거라 했다. 그렇게 하면 똑같은 사람 되는 거라며 나를 달랬다.

그 후로 몇 년 동안이나 한의원장의 얼굴이 계속 떠올랐다. 시간이 지나면서 떠오르는 횟수가 줄어들기는 했지만, 한의원장에 대한 분노는 줄어들지 않았다. 그러나 스피치를 배우고 난 후 사람을 보는 초점이 바뀌었다. 부정적인 영향을 준 사람에게 뒀던 초점이 긍정적인 영향을 주는 사람에게 향하는 쪽으로 바뀌었다. 한의원장보다 이영희 선생님을 더 많이 떠올리게 됐다.

겨우 일주일에 한 번인 스피치 수업이었다. 그 스피치 수업이 나의 신념을 바꿨다. 나의 머릿속을 바꿨다. 나를 긍정적인 사람으로 만들었다. 나도 고된 일을 겪을 수 있다. 생각지도 못한 곤경에 빠질 수 있다. 남들보다 조금 천천히 갈 수도 있다. 살면서 이런 일 저런 일 있을 수 있다는 것을 스피치로 배웠다. 스피치는 이렇게 지금의 내 삶을 대변한다. 미래는 어차피 내가 겪을 나의 현재다. 미래에 내 현재를 대변하는 스피치를 긍정적으로 만들자. 스피치로 늘 있을 나의 지금을 긍정적으로 만들자. 스피치는 지금의 내 삶을 대변한다.

03

스피치를 배우고 나서
어디서든 자신감이 넘친다

공무원 시험에 합격한 청년의 스피치 시간이었다. 스피치 하는 내내 긴장한 모습이 역력했다. 목소리도 많이 떨렸다. 게다가 나는 언어치료사로 오랫동안 단련된 귀를 가졌다. 마스크 안의 말 막힘과 미세한 말소리 반복이 선명하게 들렸다. 하지만 청년의 스피치는 매시간 훌륭했다. 프레젠테이션 화면 또한 세련되고 감각적이었고 청년은 무대 공포증 극복을 위한 의지가 매우 강했다. 마음을 다해 노력하는 청년의 모습은 정말 감탄스러웠다. 수강생들 모두 매시간 청년의 스피치를 기대했다. 떨리는 목소리와 긴장감이 역력한 청년의 스피치, 나와 다른 수강생들은 왜 청년의 스피치를 기대했을까? 바로 자신의 단점을 극복하고자 하는 노력 때문이다. 그 노력이 온전히 우리에게 전달

됐다. 청년은 그것으로 상대의 마음을 움직였다. 나는 앞으로 이 청년의 앞길에 환한 빛을 비춰달라고 마음 다해 응원했다. 힘든 고난이 닥칠 수도 있다. 그러나 극복하고자 하는 이 마음 놓치지 않게 해 달라고 온 마음 다해 기도했다.

어딜 가나 활력 넘치는 사람이 있다. 반면에 늘 침체되어 있는 사람도 있다. 어떤 것이 이러한 차이를 만드는 걸까? 바로 자신감이다. 활력 넘치는 사람은 걱정에 에너지를 쏟지 않는다. 침체되어 있는 사람은 걱정에 온 에너지를 쏟는다. 불안해한다. 나 또한 지난 10년 동안 가라앉은 기분으로 지냈다. 친구들을 만나도 즐겁지 않았다. 오히려 친구들을 만난 날이면 더 우울했다. 나를 제외한 모두가 행복하게 보였다. 나의 인생이 뭔가 잘못된 것만 같았고, 지나온 모든 선택을 후회했다. 자신감이 있을 리가 없다. 특별히 친한 친구의 도움으로 상담을 받게 되면서 나의 내면 욕구가 매우 높다는 걸 알게 되었다. 욕구를 해결해야 했다. 하지만 욕구 해결을 위해 행동할 자신감이 없었다. 자신감이 없다는 것에 대해 걱정하면서, 미래에 대해서도 걱정만 했다. 늘 걱정만 하느라 행동하지 않으니 자신감은 더더욱 없어졌고 악순환의 고리에서 뱅뱅 돌고 있을 뿐이었다.

하지만 스피치를 배우겠다고 결심만 했는데도 상황이 180도 바뀌었다. 스피치 수업에 가기 위해 계속 머리를 굴렸다. 그러자 아이 돌보미 신청 현수막이 눈에 들어왔다. 그리고 이영희 선생님을 만났다. 내 발로 스피치 학원으로 가서 수업에 참여했다. 다른 수강생들의 스피치를 내 눈으로 직접 보았고, 다른 사람의 인생을 직접 들으며 느꼈다. 서로 피드백을 주고받으며 모두 어제보다 더 나은 오늘을 확인했다. 스피치 수업이 진행될수록 나도 모르게 자신감이 높아지고 자신감 있게 행동했다. 두려워하지 않았고, 불안해하지 않았다. 늘 행동한다. 비록 실패하더라도 다시 행동한다. 그렇지만 침체되고 가라앉은 사람은 늘 불안해하고 두려워한다. 실패할까 봐 행동하지 않는다. 스피치를 하면 행동하지 않는 사람에서 행동하는 사람으로 바뀐다. 실패를 두려워하지 않게 되며, 행동하면 할수록 성공경험이 자연스레 많아진다. 스피치를 하면 할수록 성공경험이 쌓이게 된다. 스피치를 통해 나도 사람들 앞에서 자신 있게 말하는 사람이 될 수 있다는 것을 알게 되었고, 결국 자신감이 높아지게 되며 상대에게 긍정적 에너지를 주는 활력 넘치는 사람이 되었다. 상대에게 부정적 에너지를 주는 침체된 사람이 되고 싶은가? 아니면 긍정적 에너지를 주는 활력 넘치는 사람이 되고 싶은가? 당연히 후자일 것이다. 지금 당장 스피치를 시작하자.

지인 중 말을 더듬는 A가 있다. 주위 사람들 대부분은 A의 말더듬을 알고 있다. A는 항상 자신감이 넘치고 자신의 주관이 뚜렷하다. 대표기도 차례가 되면 당당하게 성도들 앞에서 소리 내며 기도한다. 미리 준비한 내용이 적힌 기도문을 보고 읽는다. 여러 번 단어를 반복하는 소리가 성도들에게 선명하게 들린다. 그러나 당당하게 끝까지 온 마음 다해 기도하고 자리에 앉는다. 늘 자신감이 넘친다. 상대에게 말더듬으로 인해 주눅 든 모습은 절대로 찾아볼 수 없다. A가 하는 사업은 늘 번창하고 사람들에게 인정받는다.

말더듬 문제로 나에게 상담을 요청한 B가 있었다. 검사해 보니 비교적 가벼운 정도였다. 2개월의 말더듬 치료 프로그램에 참여했다. 나중엔 일상생활에서 배운 기법을 잘 사용하면 되는 단계에 도달했다. 매시간 일상생활에서의 기법사용 빈도 체크를 한다. 배운 기법을 평소에 얼마나 많이 사용했는지 확인하는 작업이다. 기법을 어떤 상황에서 어떻게 사용했는지 나에게 자세하게 보고해야 한다. B는 매번 숙제를 못 했다고 하였다. 왜냐하면, 다른 사람이 자신의 말더듬을 눈치챌까 봐 너무 두렵다는 것이다. 말더듬인들의 두려움 극복 훈련 과제가 있다. 주위 사람들 시선에 둔감해지는 훈련이다. 예를 들면 일부러 양말 짝짝이로 신기와 같은 훈련을 하는 것이다. B를 위해 지속적인 둔감 훈련과 마인드 개선을 위한 노력을 기울였다. 그러나 행동하지 않은 B는 결국 거듭되는 승진 면접에서 탈락했다. B는 A보다 분명 말더듬 정도가 약했다. 하지만 낮은 자신감 때문에 여전히 도전하지 않는 삶을 살고 있다.

비가 부슬부슬 내리는 고속도로를 달리고 있을 때였다. 갑자기 앞차가 급브레이크를 밟았고 나도 반사적으로 급브레이크를 밟았다. 핸들은 순식간에 오른쪽으로 꺾였다. 차는 4차선 고속도로를 두 바퀴 반이나 돌았다. 가드레일에 3차례 부딪혀서야 차가 멈췄다. 타이어 타는 냄새가 차 안에 진동했다. 뒷좌석에 타고 있던 둘째와 셋째는 겁에 질려 비명을 지르며 울었다. 정신을 바짝 차리고 아이들과 급히 차에서 내렸다. 나에게 경찰과 견인차 기사가 달려왔다. 사고를 수습하고 아이들과 집으로 돌아왔다. 겁에 질린 아이들에게 마음을 가다듬고 차분하게 설명했다. "교통사고야. 비가 와서 길이 미끄러웠는데 갑자기 브레이크를 밟아서 핸들이 꺾인 거야. 엄마가 앞 차량과 더 멀리 있었어야 했어. 하지만 괜찮아. 앞으로 엄마는 운전을 더 조심히 할 거니까 안심해도 돼. 이렇게 다친 곳 하나 없이 무사히 집으로 돌아왔어. 다친 곳 없이 집으로 돌아왔다는 것에 감사하자." 아이들과 나는 서로를 꼭 껴안았다.

스피치를 배우기 전 자신감이 없을 때였다면 어땠을까? 왜 나한테 또 이런 불행이 닥쳤냐며 괴로워했을 것이다. 당장 내일부터 타고 다닐 차가 없다며 걱정으로 가득했을 것이다. 아이들은 더욱더 불안했을 것이다. 엄마의 부정적인 기운으로 인해 아이들의 마음은 공포심으로 가득했을 것이다. 하지만 이번 사고에 대처하는 내 모습은 완전히 달랐다. 누구에게나 일어날 수 있는 사고이고, 예측할 수 없던 사고였다. 고속도로를 두 바퀴 반이나 도는 동안 2차 사고가 나지 않았다. 얼마나 다행인가. 그리고 대구에서 가까운 구미에서 사고가 났기에 집으로 빨리 돌아올 수 있었다. 이 일로 교통사고의 위험성을 확실히 알게 됐다. 앞으로 더 안전운전할 것이다. 차는 다시 사면 된다. 다음 날 지인이 소개해 준 매매상사로 갔다. 바로 좋은 가격에 튼튼한 차를 바로 계약했다. 스피치를 배우고 나서 생긴 자신감이 이렇게나 다른 결과를 보이다니, 더군다나 남편은 코로나 밀접 접촉자로 격리장소에 갇혀있었다. 남편의 도움 없이 오로지 나 혼자 수습해야 했다. 사고 해결을 스스로 척척 해내는 내 모습에 자신감이 더 높아졌다.

『기분이 태도가 되지 않게』 저자 레몬심리는 "정말 강한 사람은 상처를 한 번도 받지 않은 사람이 아니다. 상처가 있지만, 그것을 직시하고 이겨내 더 나은 내가 된 사람이다"라고 했다. 상처받고 힘든 경험으로 자신감이 없는 상태인가? 직시하고 이겨내자. 더 나은 사람이 되자. 스피치를 배우면 내 상처를 직시할 수 있다. 스피치를 배우면 직시한 문제를 해결하려 행동하게 된다. 스피치를 배우면 이겨내게 된다. 스피치를 배우면 자신감이 높아진다. 스피치를 배우면 더 나은 사람이 된다. 더 나은 내가 되면 세상을 보는 눈이 바뀐다. 세상을 보는 눈이 바뀌면 기쁜 일은 따라온다. 스피치를 해보자. 어디서든 자신감이 넘치는 내가 된다.

스피치는
다양한 기회를 만든다

아주 어렸을 때부터 음악을 좋아했다. 버킷리스트 중 '음악 밴드 멤버가 되자'가 있을 정도다. 늘 음악을 들었다. 어떤 날은 피아노 소리에 집중되고 또 어떤 날은 드럼 소리에 집중됐다. 다른 날은 바이올린 소리가 귀에 들어왔다. 또 다른 날은 기타 소리가 그렇게 듣기 좋을 수가 없었다. 꾸준히 받던 피아노 레슨을 중학교 2학년이 되면서 중단했다. 피아노를 전공으로 이어가기에는 여러 가지 무리가 있었기 때문이다. 피아노 코드를 제대로 다시 배워보고 싶다는 생각을 늘 하며, 드럼도 배우고 싶었고 기타와 바이올린도 배우고 싶었다. 내친김에 보컬 레슨도 받고 싶었다. 이 중 몇 개를 스피치를 배운 후에 시작했다. 스피치로 자신감이 생겼기 때문이다. 자신감이 생기니 다양한 도전이

가능했다. 피아노 코드는 이제 웬만큼 보면 건반을 짚을 수 있었고, 보컬 레슨으로 예전보다 더 나은 보컬 실력을 갖추게 됐다. 드럼, 기타, 바이올린도 줄줄이 순서를 기다리고 있다.

스피치를 시작하기 전에는 '레슨받을 시간이 없다.', '지금 배운다고 얼마나 실력이 좋아지겠어?', '그것들을 배운다고 해서 정말 음악 밴드 멤버가 될 수는 있을까?', '그 돈으로 레슨 대신 애들한테 뭔가를 해주는 게 더 낫겠지?'와 같은 생각을 했다. 자신감이 없으니 당연히 도전하지 못했다. 실패가 두려웠다.

스피치를 시작하고 나서는 완전히 달라졌다. 모든 일에 대해 꼭 완벽해야 하는가? 도중에 넘어지면 그 경험으로 더 나은 결과를 낼 수 있다. 스피치를 하자. 스피치를 하면 자신감이 생긴다. 실패를 두려워하지 않게 된다. 따라서 주위 모든 것들이 기회가 된다. 그 기회를 잡게 된다. 눈앞에 놓인 기회를 뻔히 놓치기엔 너무 아깝다. 오히려 기회에 대한 도전을 즐기게 된다. 스피치를 한 후 미루기만 했던 레슨을 받았다. 음악 밴드 멤버가 되기 위한 기회의 문을 연 것이다. 스피치로 생긴 자신감은 주위에 모든 것들을 기회로 만들며 그 기회를 잡게 한다. 그래서 어제보다 더 나은 내가 된다. 어제보다 더 나아진 나의 눈에 또 다른 기회가 보인다. 내 눈에 보인 기회에 즉각 반응하게 된다. 그러다 보면 어느 순간 그 기회들은 내가 스스로 만들었다는 것을 깨닫게 된다. 결국, 기회는 나 스스로 만드는 것이다. 따라서 스피치는 다양한 기회를 만들 수 있다.

스피치 수업을 받으면서 기회들을 스스로 계속 만들어갔다. 스피치로 선한 영향력을 끼치는 사람이 되겠다는 목표를 향해 나아갔다. '목표가 생기면 바로 실행해야 한다.'라는 마음가짐으로 인터넷 검색창에 '낭독봉사자'를 검색했다. 주로 낭독 봉사는 시각장애인복지관이 담당한다는 것을 알게 됐다. '대구 시각장애인복지관'을 검색하고 문의했다. 담당 사회복지사는 '대구 점자도서관'의 낭독 봉사 담당자와 나를 연결해주었다. 담당자와 면접 날짜, 시간을 잡고 면접 날 시범 녹음을 한 파일을 담당자가 그 자리에서 바로 들었다.

"아나운서 같으십니다. 바로 봉사자로 등록해 드리겠습니다."

나 스스로 기회를 만들었다. 기회를 잡고 놓지 않았다. 결국 '스피치로 선한 영향력을 준다.'라는 목표를 이뤘다.

목사이자 강훈비전연구소 대표인 강훈은 저서『성경에서 찾은 더 크게 성공하는 법』에서 "생각은 행동으로 발전되어야 한다는 것이다. 행동해야 삶은 바뀐다. 단기간에 엄청난 변화와 성장을 이뤄내는 사람들의 공통점은 실행력이기 때문이다. 성공한 사람은 생각에만 머물지 않고 행동한다. 행동하지 않으면 허상일 뿐이다."라고 했으며 영국의 화가이자 시인인 윌리엄 블레이크는 "행동하지 않는 사람의 생각은 쓰레기와 같다."라고 했다.

스피치를 배우기 전과 후의 나는 완전히 달라졌다. 스피치를 한 후 행동하는 사람이 됐다. 스피치를 하자. 스피치를 하면 자신감이 생긴다. 자신감이 생기면 행동하게 된다. 행동하면 성공 경험이 쌓인다. 내 옆에 있는 기회를 알아차리고 잡게 된다.

2020년 2월에 신천지 코로나 확산사태로 대구는 모든 것이 마비됐다. 이후 2021년 가을에도 코로나 확진자 수가 다시 늘어났기에 매주 목요일마다 방문했던 대구점자도서관은 더 이상 못 가게 됐다. 현재까지도 도서관 내에 녹음실 방문이 불가능하다. 일상 속 힐링과 같던 낭독 봉사를 더 이상 할 수 없게 됐다. 낭독 봉사를 꾸준하게 이어갈 수 있을 방법을 계속 생각하며 SNS에 '낭독 봉사'를 검색했다. 그러자 '희희랑독'이라는 단체가 검색됐다. 바로 '희희랑독' 담당자에게 메시지를 보내 지원했다. 담당자에게 연락이 왔다. 나에게 일정 분량을 보내겠으니 녹음한 후 파일을 보내 달라 했다. 좋은 답변을 받은 이후 지금까지도 꾸준히 '희희랑독'의 낭독봉사자로 활동 중이다. 세상에나, 이번에도 스스로 기회를 만들었다. 스스로 만든 그 기회를 잡았다.

스피치를 배우기 전에는 옆에 놓인 기회를 기회라 생각지 못했다. 나에게 좋은 기회는 없다고 생각했다. 좋은 기회는 나를 제외한 모든 사람에게 가버리는 것 같았다. 하지만 스피치를 배운 후 완전히 바뀌었다. 옆에 놓인 기회를 쉽게 알아차릴 수 있고 스스로 기회를 만들어 나가게 되었다. 당신도 시행착오를 두려워하지 않게 되며 그 모든 과정으로 인해 발전에 발전을 거듭하게 될 것이다.

2012년 6월은 석사졸업논문을 한창 진행하고 있을 때였다. 그리고 2012년 6월 3일에는 결혼도 했고 석사졸업 후 바로 박사과정을 시작할 예정이었다. 그러나 2012년 9월 첫 출산으로 학교로 다시는 돌아가지 못했다. 그때 나이가 27살이었고 석사 동기 중에서 나이가 가장 적었다. 가장 적은 나이임에도 과대표를 맡았다. 과대표로서 맡은 일을 척척 해냈고, 직장을 다니면서 대학원 과정을 마쳤다. 이리저리 돌아다니고 많은 것을 해도 피곤하지 않았을 때였다. 늘 활력 넘치고 강한 에너지를 내뿜었다. 내 인생 가장 예쁘고 아름다웠던 그때를 생각하면 저절로 행복해진다. 결혼생활도 쭉 행복한 생활을 할 수 있다고 생각했다. 하지만 결혼은 현실이다. 신혼집을 마련하지 못하는 상황이라 시부모님과 함께 지냈다. 시부모님은 나에게 잘해 주셨다. 밥보다 수박을 더 좋아하는 나를 위해 냉장고에 늘 수박을 가득 채워 주셨다. 하지만 나는 방에서 잘 나오지 않았다. 이렇다 할 신혼집도 없다는 사실이 싫었고 학교로 다시 돌아가지 못할 것이라는 생각이 자주 들었다. 곧 태어날 아기와 함께 알콩달콩 살 수 있는 우리만의 집이 없다니, 친한 친구 몇 명 말고는 절대로 내가 어디 사는지 말하지 않았다. 엄청나게 자존심이 상했다. '그렇게 잘난 척하고 빼기더니 쌤통이다.'라고 생각할 것만 같았다. 27살의 당당했던 나는 점점 활력을 잃어가고 말투도 툭툭 던지듯 내뱉는 말투로 변해갔다.

1년 후 겨우 보증금 천만 원, 월 50만 원의 17평 아파트로 분가했다. 그 후 22평, 24평으로 평수를 조금씩 넓히며 이사했다. 하지만 전혀 기쁘지 않았다. 몇몇 친구들은 신혼집으로 새 아파트를 분양받았다고 했다. 또 다른 친구는 시댁에서 아파트도 사주고 인테리어도 다 해줬다고도 했다. 또 다른 친구는 친정에서 비상금통장을 받았다고 하며 통장에는 2천만 원이 찍혀 있더라고 했다. 그런 말을 들을 때마다 왜 그렇게 남편이 미운 건지, 내 선택도 잘못됐다고 생각했다. 그 원인이 꼭 남편 때문인 것 같았다. 애꿎은 남편에게 화살을 돌렸지만 그럴수록 내가 보는 세상은 더 어두워질 뿐이었다. 도무지 행복의 기회는 전혀 없어 보였다.

그런데 정말 기회가 없었던 걸까? 아니다. 기회가 얼마든지 있었지만 알아채지 못한 것이다. 초점이 엉뚱한 곳에 가 있었기 때문이다. 친구의 신혼집, 친구의 비상금통장, 인테리어가 깨끗한 친구 집. 여전히 자유분방한 미혼 친구, 돈 잘 버는 남편을 둔 친구. 모든 초점이 남에게 맞춰져 있던 것이다.

스피치를 하려면 초점을 잘 맞춰야 한다. 주제에 초점을 맞춰 주제에서 벗어나지 않아야 한다. 주제에서 벗어난 엉뚱한 이야기를 하면 안 된다. 예를 들어보자.

1. 집이란 나에게 어떤 의미가 있는가?
2. 전략 세우기: 주택청약제도 활용하기, 계약금 마련을 위한 저축, 담보대출에 대해 알기, 부동산 관련 책 읽기 또는 소셜 미디어로 정보 얻기 등
3. 실행하기: 위의 전략으로 5년 안에 아파트 계약 완료하기, 긍정적 다짐하기

새 아파트를 갖고 싶다면 새 아파트를 갖기 위한 전략을 세우고 실행하는 데에 초점을 맞춰야 한다. 아파트와 관계없는 자유분방한 미혼 친구를 부러워하는 데 초점을 두면 안 된다. 스피치는 주제 유지를 위한 방법을 집중적으로 다룬다. 주제에 맞게 서론, 본론, 결론을 짓는다. 스피치를 배우기 전 개설만 해 놓은 청약통장이 있었다. 스피치를 배운 후 현재는 계획보다 더 많은 액수의 통장이 됐다. 앞으로 내가 입주하고픈 아파트가 나오기만 하면 된다. 10년 전에도 청약통장이 있었다. 기회가 늘 있었다는 것이다. 하지만 초점이 다른 곳에 있으니 기회가 보일 리 없다.

스피치를 하면 초점을 바르게 맞출 수 있다. 초점을 바르게 맞추면 기회가 보인다. 보이는 기회를 잡기 위해 실행한다. 실행하면 시행착오를 겪게 되며 시행착오는 깨달음을 준다. 그 깨달음으로 성공경험을 하게 되고 성공경험으로 많은 기회를 나 스스로 만들게 된다. 스피치를 배우자. 스피치로 다양한 기회를 만들 수 있다.

평범한 사람일수록
스피치를 하라

주위 기혼여성들 대부분이 워킹 맘이다. 시간이 흐를수록 워킹 맘의 비율은 지금보다 더 높아질 것이다. "저는 평범한 워킹 맘입니다."라는 말이 어색하지 않을 정도다. 요즘 출산한 여성이 얼마 지나지 않아 복직하는 것이 평범한 시대가 됐다. "일하면서 애 키우는 여자가 세상에 너 하나뿐이냐?"라고 말하는 사람도 있을 정도다. 겪어본 사람은 너무나도 잘 안다. 워킹 맘은 절대 평범한 것이 아니라고. 워킹 맘과 평범은 연결될 수 없다. 워킹 맘의 비율이 높아졌다는 것은 사실이다. 그렇다고 해서 '평범'이라는 단어를 붙이면 안 된다. '뛰어나거나 색다른 점이 없이 보통이다.'가 '평범하다'라는 단어의 사전적 정의다. 일단 워킹 맘의 '맘'부터가 평범하지 않다. 엄마로서 사는 삶 자체가 스펙터클이다. 그런 '맘' 앞에 심지어 '워킹'까지 붙었다. 상상 그 이상이다. 워킹 맘들이여, 절대 우리는 평범한 사람이 아니란 걸 명심하자. 우린 특별한 사람이다. 하지만 세상은 우리가 특별한 존재라는 걸 자주 잊는다. 우리의 특별함을 알아차리자. 우리의 특별함을 지키자.

첫째를 2012년 9월에 출산했다. 다행히 출산휴가와 육아휴직을 모두 사용할 수 있었다. 근무하던 복지관에서 출산휴가 3개월, 육아휴직 12개월을 처리해줬다. 그러나 막상 복직할 때가 되니 막막했다. 겨우 돌이 지난 아이를 남의 손에 맡기자니 도저히 내키지 않았다. 고민하던 중 누군가가 나에게 재택이 가능한 쇼핑몰 운영을 제안했다. 솔깃해진 나에게 그 사람은 이렇게 말했다. "아이 키우면서 집에서도 얼마든지 할 수 있어요. 그리고 수입도 꽤 높아요. 내가 다 알려줄게요. 당장 시작합시다." 그렇게 나는 그 회사에 발을 들여놓게 되었고 쇼핑몰 운영에 필요하다는 교육도 꽤 성실히 참석했다. 교육에 참여하면서 건강에 대한 지식도 많이 쌓여 가족 건강에 실질적 도움도 됐다. 이제 많이 알았으니 집에서 내 아이를 돌보며 쇼핑몰을 운영할 차례다. 하지만 회사에서는 수시로 열리는 교육장에 나를 참석시켰다. 아이까지 데리고 다니려니 보통 힘든 게 아니었다. 그리고 쇼핑몰 운영으로 얻는 수입은 너무 적었다. 결국, 1년 반 만에 그만뒀다. 나의 첫 워킹 맘 도전은 이렇게 마무리됐다.

나는 그저 내 아이를 내 손으로 직접 키우고 싶었고 돈도 필요했다. 그때의 1년 반의 경험은 큰 인생 공부가 되었으며 세상을 보는 눈이 조금은 똑똑해지는 계기가 됐다. 그리고 직장을 다니며 나와 동생을 키운 친정엄마가 저절로 떠올랐다. 결혼하고 아이 낳아 키워 봐야 부모 마음 이해한다더니. 딱 그 짝이다.

둘째가 2014년 12월에 태어났다. 둘째가 백일을 넘기자마자 어린이집에 보냈다. 그리고 언어치료사로 복직했다. 다른 치료사들은 아침 9시에 출근했지만, 그 당시 센터 원장은 나에게 아기를 어린이집에 보내야 하니 10시까지 출근하라고 했다. 대신 다른 치료사들이 저녁 7시에 퇴근할 때 나는 8시에 퇴근했다. 역시 세상에 공짜는 없다. 8시에 퇴근해서 집 앞 버스정류장에 8:30쯤 도착했다. 그때까지 아이를 맡아 줄 보육 기관이 필요했다. 야간보육을 해주는 곳이어야 했다. 감사하게도 첫째가 다녔던 어린이집에서 둘째를 늦게까지 봐 주겠다고 했다. 둘째를 위해 야간보육시설로 변경하겠다고 하며 어린이집 원장님은 교육청을 몇 번이나 왔다 갔다 했다. 필요서류들은 또 왜 그렇게 많은 건지. 하지만 원장님은 성심성의껏 일을 처리해주셨다. 그렇게 두 번째 워킹 맘 생활이 시작됐다. 아이들을 빨리 보고픈 마음에 퇴근길은 설레었다. 하지만 어떤 날은 서글프기도 했다. 특히 해가 빨리 저무는 겨울은 더 서글펐다. 내가 퇴근하는 시간에 맞춰 원장님과 둘째는 자주 산책했다. 아이가 달구경을 무척 좋아한다고 했다. 깜깜한 밤하늘에 뜬 달은 아주 선명하다. 그 선명한 달을 보며 엄마를 기다리는 아이의 마음은 어땠을까? 아름다운 겨울밤의 달빛 아래 내 아이가 서 있었다. 달빛을 향해 가리키는 아이의 손가락, 눈빛까지 생생하다. 아이는 달을 보다 자신을 부르는 엄마의 목소리를 듣는다. 엄마의 목소리를 들은 그 순간의 마음은 또 어땠을까?

세상 모든 워킹 맘은 슈퍼우먼이다. 아니, 슈퍼우먼이 돼야 한다. 마음대로 아플 수도 없다. 워킹 맘이 아프면 골치 아픈 일이 줄줄이 생긴다. 회사는 하루 결근이 가능하다. 꽤 눈치 보이지만 불가능한 일은 아니다. 하지만 가사와 육아는 결근할 수가 없다. 집에서는 쉬는 게 쉬는 것이 아니다. 차라리 아픈 몸을 이끌고서라도 출근하고픈 마음이 들 때도 있다. 몸이 힘들 때, 마음이 힘들 때 늘 다시 털고 일어나야 한다. 계속 앉아 있을 수가 없다. 워킹 맘에겐 할 일이 많다. 출근도 하고 집안일도 하고 육아도 해야 한다. 그 어려운 것들을 지금까지도 잘해 왔지 않은가. 우리는 특별하다. 늘 자신을 칭찬하자. 내가 나를 대우하자. 내가 나를 특별한 존재로 인정하자.

16주간의 스피치 수업 마지막은 공개발표로 진행됐다. 그동안 배운 것들을 적용하여 10분 내외로 스피치한다. 유튜브로 실시간 송출도 한다. 가족이나 주변 사람에게 내 스피치를 보여

줄 기회가 된다. 내 차례가 됐다. 워킹 맘에 관한 내용이 빠질 리 없다. '달리기'라는 주제로 스피치를 시작했다. 인생은 달리기다. 달리기 중에서도 마치 끝나지 않을 것 같은 마라톤과 같다. 하지만 분명히 끝은 있다. 포기하지 않고 오늘도 힘내서 달린다는 내용의 스피치였다. 스피치가 끝난 후 내 영상을 본 지인들이 메시지를 보내왔다. "스피치 배운다더니 확실히 다르긴 다르구나!", "정말 감동적인 스피치였어!", "나도 너처럼 스피치 잘하고 싶다.", "스피치 하는 모습이 정말 멋지다." 등의 칭찬 메시지들이었다. 특히 아버지는 사촌들에게 스피치 영상을 공유하셨다. 딸이 자랑스럽다며 가족에게 입이 마르도록 칭찬하셨다. 많은 워킹 맘들이 열심히 하루하루를 보낸다. 나 또한 다른 워킹 맘들과 다르지 않았다. 하지만 스피치 후 특별한 워킹 맘이 됐다. 열심히 사는 워킹 맘은 많다. 하지만 워킹 맘의 경험을 멋지게 스피치 하는 사람은 많지 않다.

공개 스피치 자리에 초대된 적이 있다. 수강생들의 모든 발표를 하나하나 진심으로 귀담아 보고 들었다. 그중에 특히나 기억에 남는 스피치가 있다. 50대 여성의 자신의 직업에 대한 자부심과 관련한 스피치였다. 내용도 좋았지만 생각지도 못한 부분에서 큰 감동을 하였다. 실시간으로 자녀들이 유튜브를 통해 응원하는 것이었다. 공태영 원장이 말했다. "아이들이 엄마를 향해 계속 응원하고 있네요. 엄마 파이팅이 계속 올라옵니다." 그 말을 들은 발표자의 표정에서 많은 감정이 전달됐다. 자녀들의 응원을 받은 발표자는 스피치를 무사히 잘 끝냈다. 나와 다른 수강생 모두 발표자에게 큰 박수를 보냈다. 발표자는 스피치로 자녀들에게 더욱더 특별한 엄마가 됐다. 더 멋지고 더 자랑스러운 엄마가 됐다. 스피치 후 집에서 받은 환영과 포옹도 특별했을 것이다.

자신을 그저 평범한 사람이라 생각하는가? 평범한 사람이라 평범한 삶이 어울린다 생각하는가? 당신은 절대 평범하지 않다. 존재 자체가 특별하다. 하지만 대부분 사람은 자신이 특별한 줄 모른다. 스피치를 하자. 스피치 하면 나의 특별함이 분명해진다. 내가 특별한 존재라는 것을 알게 된다. 평범함에서 특별함으로 바뀌는 순간을 경험하자. 아직도 스피치에 도전하기 두려운가? 그렇다면 이미지트레이닝을 활용해보자. 이미지트레이닝은 아주 좋은 방법의 하나다. 사람들 앞에서 멋지게 스피치하는 모습을 상상하자. 평범함에서 특별함으로 바뀌는 순간을 상상하자.

조셉 머피는 "꿈과 목표가 이뤄진 광경을 수시로 상상하며 성취감과 행복감을 느껴보라. 잠재의식의 힘이 당신의 상상을 현실로 바꿔놓을 것이다."라고 했다. 이미지트레이닝으로 긍정적인 결과를 낸 사례들이 많다. 이미 실생활에서도 많이 활용되고 있기도 하다. 다이어트를 위해 모델의 사진을 냉장고에 붙이는 것이 대표적인 예다. 발달장애 학생을 위한 전공과 교육과정에도 이미지트레이닝이 사용된다. 면접 장소를 미리 견학하거나 사진으로 익힌다. 실제 면접장면을 여러 번 이미지화한다. 면접에서 해야 할 자기소개 스피치를 반복 연습한다. 이미지트레이닝 효과로 실제 면접에서의 합격률을 높인다.

스피치하기 전 나도 평범한 세 아이의 엄마일 뿐이라 생각했다. 다들 일을 하면서 육아하니까. 요즘에는 다들 그렇게 사니까. 힘들다고 드러내면 징징거리는 약한 사람이 되는 것 같았다. 그러나 그 경험을 스피치했다. 스피치 후 아이들에게 더 특별한 엄마가 되었고, 남편에게는 더 특별한 아내가 되었으며 부모님께는 더 특별한 딸이 되었다. 스피치로 평범함에서 특별함으로 바꾼 생생한 나의 경험이다. 자신이 평범하다고 생각되면 더더욱 스피치를 하자. 대부분 "스피치는 아나운서 같은 사람이 하는 거 아니야?"라고 생각한다. 절대로 그렇지 않다. 아나운서가 아니어도 된다. 전문 스피치강사가 아니어도 된다. 스피치는 배우고 연습하면 충분히 할 수 있기 때문이다. 자신이 특별한 존재라는 사실을 스피치로 깨닫자. 스피치로 세상이라는 무대의 주인공이 되자. 나만의 스토리로 나의 수많은 꿈을 빛나게 하자.

06

평범한 사람에서
강사가 되다

모든 일에는 적절한 타이밍이 있다. 내가 스피치강사가 되는 데 타이밍도 한몫했다. 막내가 6살이 된 타이밍, 언어치료가 의료보험이 적용되는 시기의 타이밍, 그때 김해준의 유튜브를 보게 된 타이밍 등. 여러 타이밍들이 모두 잘 맞아떨어졌다. 마음 먹은 대로 잘 안된다고 생각하는가? 나에게만 기회가 오지 않는다고 생각하는가? 아직 때가 되지 않았기 때문이다. 때가 될 때까지 손 놓고 기다리기만 하라는 말이 아니다. 타이밍이 딱 맞아떨어지는 그때는 언제 무엇으로 나타날지 모른다. 그래서 그때를 위해 늘 준비해야 한다.

어느 날 공태영 원장은 내게 미션을 줬다. "표준어로 말투를 바꾸세요." 경남 마산이 나의 출생지다. 거주지도 경상도에서 벗어난 적이 없다. 공개적인 발표 상황에서는 어렵지 않았다. 하지만 평상시에도 표준어로 말하는 내 모습이 상상되지 않았다. 일상생활에서의 말투를 아예 바꾼다고 생각하니 난감했다. 무엇보다 지인들의 반응에 자신이 없었다. 갑자기 어디 아프냐며 놀릴 것만 같았다. 하지만 스피치 수업으로 자존감이 올라간 나는 도전했다. 먼저 나를 모르는 사람에게 표준어로 말하기 시작했다. 마트 직원 또는 상담원에게 A/S 접수를 해야 하는 상황일 때는 표준어로 말했다. 많이 어색했다. 말투가 어색한 것보다 내 기분이 어색했다. 결혼해서 서울에서 살게 된 동생은 자연스럽게 표준어를 잘 사용했다. 남편도 대학 입학 때부터 10년 넘게 서울에서 지냈던 경험이 있어 표준어를 자연스럽게 잘 사용한다. 하지만 나는 경우가 달랐다. 거주지인 경상도 안에서 사투리 습관을 고쳐야만 했다. 당연히 주위 사람들 대부분이 사투리를 사용한다. 모두가 예스! 라고 하지만 혼자 노! 해야 하는 것과 마찬가지다. 그러나 처음이 어렵지, 반복하면 익숙해진다는 말이 정말 와닿았다. 점점 표준어가 자연스러워지고 있었기 때문이다. 서울 경기도에 있는 언어치료대상자들이 간간이 피드백을 해줬다. "선생님, 이제 진짜 서울 사람 같아요! 선생님이 먼저 말 안 하면 대구 사람인 줄 모르겠는데요!"

16주 동안의 스피치 수업 이후 다음 클래스 개강을 기다리고 있었다. 공태영 원장이 학원으로 방문해달라고 했다. '다음 클래스 개강 안내 때문인가?' 하고 학원으로 방문했다. 공태영 원장이 말했다. "초등입학 준비 스피치 반 개강하는데 최현혜님이 직접 수업 맡아보는 게 어때요?" 갑자기 생각지도 못한 제안을 받은 나는 심장이 마구 뛰었다. 스피치 수업받기 시작한 지 1년도 채 안 됐을 때다. 2021년 11월. 나는 「공태영의 마스터 스피치」 강사로 정식 채용됐다. 그리고 얼마 후 「대구MBC넥스랩」에도 출강하게 됐다.

대구점자도서관에 이어 '희희랑독' 멤버로 낭독 봉사를 꾸준하게 하고 있을 때였다. 지인에게 강훈 작가의 『성경에서 더 크게 성공하는 법』을 추천받아 읽었다. 저자 강훈은 "내가 가진 달란트를 묻어두지 않고 활용해야 한다. 달란트는 활용하면 할수록 더 커진다. 우리가 잘 알듯이 사람의 신체는 사용할수록 발달한다. 반대로 사용하지 않는 신체는 퇴화한다. 신체뿐만이 아니다. 정신도 마찬가지다. 사용할수록 발달하고 사용하지 않으면 퇴화된다."라고 말한다. 내가 가진 달란트 '목소리'를 활용해야겠다는 생각이 들었다. 이 또한 '스피치로 선한 영향력을 주는 것'에 포함되는 것이기 때문이다. 곧바로 『성경에서 크게 성공하는 법』 내용 중 핵심적인 몇 부분을 뽑아 녹음했다. 녹음파일을 강훈 작가에게 전송했다. 크게 감동하였다며 강훈 작가에게서 답이 왔다. 이후에도 강훈 작가의 유튜브 채널과 블로

그 등 SNS에 내 녹음파일과 잘 편집된 영상이 업로드됐다. 강훈 작가와 나는 현재까지도 서로에게 긍정적인 영향을 주는 좋은 관계를 유지하고 있다.

스피치하기 전 지난 10년은 '준비'가 아닌 '후회'로 지냈다. 친구들보다 일찍 결혼한 것에 대해 후회했고 지금의 남편을 선택한 것에 후회했다. 재테크에 관한 공부를 미리 하지 않은 것에 대해 후회했으며 쇼핑몰에 손을 댄 것도 후회했다. 지난 모든 선택에 대해 후회만 했다. '그때로 다시 돌아갈 수만 있다면.'이라는 생각만 했다. 언제부터인지 매일 술을 마시기 시작했다. '혼술족'이라는 말이 유행하기 시작할 때 '나는 이미 오래전부터 해 오던 걸 사람들은 이제 한다고들 난리네.' 하며 피식 웃기도 했다. 셋째를 낳을 때까지 임신과 출산이 반복되면서 술을 마시지 않은 기간이 길었다. 그래서 처음에는 약한 맥주를 마셨다. 하지만 언제부터는 맥주가 소주로 바뀌어 있었다. 한 병이었던 소주의 양도 점점 늘어났다. 술을 마실 때는 힘든 마음이 위로되는 듯했다. 하지만 다음 날 아침이 되면 어김없이 후회됐다. 곤히 자는 어린 세 아이를 보면 자괴감마저 들었다. 후회하는 마음이 괴로워서 술을 마셨는데 술을 마신 것에 후회하고 있는 내가 참으로 한심했다. 나에겐 목표가 없었다. 목표가 없었기에 준비하지도 않았다. 나는 '후회'라는 것이 사람을 얼마나 땅으로 꺼지게 하는지 확실히 경험했다.

스피치 후 나는 절대 '후회'하지 않는 사람이 됐다. 제리 길리아스는 "실패는 성공으로 가는 길에서 잠깐 쉬어가는 일이다."라고 했다. 잠깐 쉬었다가 에너지 재충전 후 다시 길을 걸어가면 된다. 시행착오 속에서 깨달음을 얻는다. 그 깨달음으로 목표를 향해 나아가면 된다. 스피치를 하면 목표를 위해 늘 준비하는 사람이 된다. "저는 목표를 이루기 위해 앞으로도 계속 후회만 하고 싶습니다."라고 스피치 하는 사람은 없다. 후회는 앞으로 나아가지 못하게 한다. 발목을 잡고 더 뒤로 끌어당기는 성질이 있다. 지난 삶에 대해서 후회하고 있는가? 더 나은 선택을 했었어야 한다 생각하는가? 그렇다면 스피치를 하자. 후회하는 사람이 아닌 늘 목표를 향해 준비하는 사람으로 바뀌게 된다.

1. 아침 7시 기상
2. 8시까지 출근 준비 및 첫째, 둘째 등교 준비
3. 8시 15분. 첫째, 둘째 학교로 출발
4. 9시까지 셋째 유치원으로 등원시키기
5. 10시까지 출근
6. 보통 19:30쯤 퇴근
7. 귀가 후 밀린 집안일과 아이들 챙기기
8. 22:00 아이들 취침
9. 뒷정리 후 자정이 되기 전 나도 취침

나의 일과다. '지금도 할 일이 많은데…', '스피치까지 배울 시간이 없는데…'라고 생각하는가? 스피치를 배우지 않으면 언제

닥칠지 모르는 '그때'를 또 놓치게 된다. 스피치하기 전의 나는 준비하는 사람이 아니었다. 늘 후회만 했다. "준비에 실패하는 것은 실패에 준비하는 것이다."라고 한 벤자민 프랭클린의 말을 기억하자.

꾸준한 낭독 봉사로 강훈 작가와 인연이 됐다. 꾸준한 스피치 수업으로 스피치 실력이 계속 향상됐다. 꾸준한 사투리 고치기로 자연스러운 표준어가 가능하게 됐다. '스피치로 선한 영향력을 주다'를 꾸준하게 생각했다. 꾸준히 생각했기 때문에 실천했다. 꾸준하게 실천했기 때문에 결국 스피치 강사가 됐다. 결론적으로 이 모든 것은 스피치로 선한 영향력을 끼치기 위한 준비 과정이었다. 스피치를 배우고 나서 목표를 위해 준비하는 사람이 됐다. 준비하는 사람에게는 '그때'가 분명히 온다. 그것도 기가 막힌 타이밍에 '그때'가 온다.

나의 일상도 전에는 평범하다고만 생각했다. 하지만 평범하다고 생각한 일상에서 스피치를 배웠다. 그 결과 스피치 강사라는 특별한 커리어를 만들었다. 그리고 지금은 이렇게 책까지 쓰고 있다. 정말 놀랄 만한 일이다. 내 시간이 그저 평범하게만 흘러간다고 생각하는가? 그렇다면 이제는 남들과 다른 특별한 일상으로 바꿔보자. 내 인생의 '그때'를 위해 준비하는 시간으로 바꿔보자. 기가 막힌 타이밍이 당신 앞에 선물처럼 나타날 것이다.

스피치는
나의 꿈을 명확하게 한다

다니고 있던 발달센터에서 퇴직금 문제로 좋지 않게 퇴사했다. 그때의 내 사정을 다 아는 친한 옛 동료가 있었다. 그 동료는 자신이 운영하는 곳의 한 공간을 사용하게 해줬다. 정말 고마웠다. 퇴사 후 기존에 알던 어머니들이 아이의 언어치료 요청을 꽤 많이 했다. 하지만 퇴사만 하고 다음 직장을 구하지 않은 상황이었다. 그래서 언어치료를 제공할 공간이 없었는데 그런 상황에서 공간을 사용하게 해준다니 정말 다행이었다. 여건상 수업을 많이 하지는 못했다. 요일과 시간이 맞는 몇 명의 아이와만 수업을 했다. 그렇게 한 달이 채 안 됐을 때다. 서로 이해관계가 맞지 않는 부분이 드러나기 시작했다. 평소 정말 좋아했던 동료라 문제를 좋게 풀었으면 했다. 하지만 결국 나는 언어치료를 제공할 공간을 잃었다. 어머니들께 사정을 말씀드리며 기다려달라고 했다. 어머니들은 흔쾌히 기다리겠다고 했다. 죄송하기도 하고 감사했다. 다음 직장을 구할 것인지, 나도 센터 운영을 할 것인지 정해야 했다. 먼저 여러 상가를 돌아다녔다. 상가를 돌아다닐수록 한숨만 푹푹 나왔다. 임대료와 인테리어비용만 해도 억 단위였다. 정말 억! 소리 날만큼 돈이 많이 드는구나 싶었다. 하루하루 시간은 지나가고 걱정만 했다. 나의 역량을 마음껏 펼칠 수 있는 공간이 하나도 없다고 생각하니 서러웠다. 남들은 발달센터 오픈을 척척 잘도 하던데 나한테는 왜 이렇게 어렵나 싶었다. 시간이 지날수록 서러움만 밀려왔다. 내 것이 없으니 이렇게 서러움을 받는구나 싶은 생각에 또 우울했다.

우여곡절 속에 친정아버지가 친정집의 작은 방 한 칸을 꾸미셨다. 그 방은 예전에 사글세를 주던 방이었다. 요즘은 풀 옵션의 좋은 원룸이 많다. 그래서 주택인 친정집의 사글셋방은 오래전부터 비어 있었다. 딸이 근심 속에서 걱정만 하는 모습이 안타까우셨나 보다. 아버지가 이곳에서 1인 센터를 해보는 게 어떻겠냐고 먼저 제안하셨다. 눈이 번쩍 뜨였다. 왜 나는 그 생각을 진작 못 했을까 싶었다. 바로 다음 날부터 아버지는 그 방을 망치로 시원하게 때려 부쉈다. 우리는 모두 때 묻은 헌 옷을 벗겨내고 새 옷을 입힐 기대감에 차 있었다. 뭔가를 때려 부순다는 행위가 이렇게 시원하게 느껴질 줄이야! 2019년 6월. 그동안의 서러움과 억울함이 망치질로 다 날아갔다. 그렇게 2019년의 뜨거운 여름이 지나고 9월을 맞이했다. 새롭게 단장한 나의 첫 언어발달센터를 보니 가슴이 벅찼다. 정식으로 사업자등록 번호도 받았다. 이제 홍보를 잘해야 할 차례다. 눈에 잘 띄는 상가가 아닌 골목 주택에 있는 센터라 홍보가 중요했다. 센터 홍보 관련 블로그 포스팅을 매일 했다. 같은 동네에서 언어치료를 받으러 오기도 하고 옆 동네에서도 왔다. 경북 가창이나 경북 경산과 같은 먼 동네에서도 상담 전화가 왔다. 점점 아이들이 늘어나고 있었다. 그렇게 2020년을 맞이했다. 그리고 2월에 코로나가 터졌다.

　대구는 그야말로 신천지 코로나 확산으로 아비규환이었다. 내 센터도 문을 닫았다. 심지어 원흉인 그 유명한 신천지건물은 센터 바로 옆 동네다. 자동차로 겨우 2분 거리다. 세상이 원망스러웠다. 왜 자꾸 나에게 이런 일이 생기는 건지 생각해봤다. 아무리 생각해도 답을 찾을 수가 없었다. 그렇게 약 3개월 동안은 센터 문을 굳게 닫아놓을 수밖에 없었다. 3개월 후 다시 센터 문을 열었다. 감사하게도 기존에 어머니들께서 다시 찾아주셨지만, 센터 문을 열어도 조마조마한 마음은 계속됐다. 누구 하나라도 코로나에 확진되거나 밀접 접촉자에 해당하지 않게 조심했다. 확진 또는 밀접 접촉자가 되면 2주 격리로 또 문을 닫아야 했기 때문이다. 그렇게 조심조심 숨죽여 가며 센터 운영을 이어갔다. 그러다가 번뜩 이런 생각이 들었다.

시원하게 부서지는 낡은 것들을 보며 한껏 좋아했던 나는 어디 갔지? '대명 언어발달센터' 간판을 보고 가슴 벅찼던 그날의 나는 어디 갔지? 사람이 화장실 들어갈 때 마음 다르고 나갈 때 마음 다르다더니 이러면 안 되는 거 아닌가? 내 것이 없는 서러움으로 아파했던 나는 어디 갔지? 코로나로 온 세상이 난리다. 그렇다고 더 이상 겁먹은 상태로 있으면 안 되겠다고 생각했다. 그런데 상황을 어떻게 뒤바꿀 수 있을까? 획기적인 방법이 뭘까?

매일 코시국에서 살아남는 방법을 생각했다. 하지만 뾰족한 방법을 찾지 못하고 있었던 그때 김해준의 유튜브 영상을 보게 된 것이다. 그렇게 나는 인생을 바꾸는 기적의 스피치를 시작했다.

스피치 후 도전을 두려워하지 않게 됐다. 그러면서 아이디어가 떠오르기 시작했다. 나 스스로 기회를 만들어 나아갔다. 코로나로 비대면 데이트도 하는 시대다. 나도 비대면 언어치료를 시작하면 어떨까 생각했다. 그때부터 블로그에 '비대면 성인 말더듬 치료 할 수 있는 곳'을 주 키워드로 포스팅했다. 성인 말더듬 치료 프로그램을 주제로 석사 논문을 썼던 부분을 살리고 싶었다. 성인 말더듬 치료는 보통의 아동 발달센터에서 다룰 기회가 많지 않다. 오랫동안 멈춰있었던 세부 전공에 도전하고 싶었다. 더 제대로 해보자는 마음으로 소상공인 지원교육 중 마케팅

교육을 신청했다. 블로그를 제대로 배워 센터를 살리고 싶었다. 소상공인 지원교육의 '블로그 마케팅' 수업으로 내 포스팅이 상위노출 됐다. 이후 비대면 성인 말더듬치료 상담이 계속 들어왔다. 많을 때는 하루에 10건도 넘는 상담 요청이 들어왔다. 중동 카타르, 미국, 캐나다, 그리고 대한민국 전국 각지에서 상담 요청이 쏟아졌다. 어느새 내 시간표는 꽉 채워졌다. 결국엔 혼자 감당이 안 됐다. '상담만 가능합니다. 수업은 대기 부탁드립니다.'라는 대문 말을 걸어 놓을 수밖에 없었다. 이것이 바로 내가 겪은 첫 번째 기적의 스피치다.

센터에 있던 어느 날 모교인 대구 보건대학교에서 전화가 왔다. "최현혜 원장님 잘 지내시나요?" 내가 재학할 때부터 지금까지 언어치료학과를 담당하시는 조교 선생님이었다. 엄청 반가웠다. "네! 선생님도 잘 지내시죠?" 간단한 인사 후 조교 선생님이 뜻밖의 이야기를 했다. "요즘 원장님이 센터 운영 엄청나게 잘하신다 하던데? 이번에 우리 학교 특강 한번 해 줘요! 교수님 추천으로 원장님이 뽑혔어요!" 스피치로 나의 두 번째 기적이 일어났다. '국가시험 및 자격증 취득향상을 위한 학습전략'을 주제로 꿈에 그리던 강단에 섰다. '다시 학교로 돌아갈 수 있을까?' 했는데 스피치를 배운 후 이렇게 학교로 돌아왔다. 비록 아직 한 번이지만 앞으로 여러 번의 기회가 분명히 올 거라 믿는다.

마시멜로 실험을 아는가? 어린아이에게 마시멜로 1개를 준다. 그 후 15분 동안 먹지 않고 참으면 2개를 주기로 한다. 아동의 행동을 관찰했을 때, 먹지 않고 참아서 2개를 받은 아이들은 이후에 자라서 그렇지 않았던 아이들보다 SAT 성적, 학업 성취도 측면에서 더 우월한 결과를 보임을 증명한 교육심리학 분야의 유명한 실험이다.

나에게 왜 자꾸 연이은 시련이 닥치는지에 대해 답을 찾지 못했었다. 아무리 생각해도 찾지 못한 답을 스피치를 배운 후 찾게 됐다. 나는 당장 눈앞에 보이는 마시멜로 1개로 만족하지 못하는 사람이다. 나는 내면 욕구가 크고 하고 싶은 것이 많다. 그래서 어차피 마시멜로 1개로는 만족하지 못한다. 자신감이 없던 예전에는 눈앞에 마시멜로가 있는지조차 몰랐지만, 스피치 후 자신감이 생긴 지금은 앞으로 받게 될 여러 개의 마시멜로를 기대한다. 지금의 삶에 안정감을 느끼고 있는가? 지금의 삶에 만족하는가? 지금 눈앞에 놓인 마시멜로 1개가 영원할 거로 생각하는가? 그렇지 않다. 현재의 만족감은 얼마 가지 않아 무뎌지게 된다. 그리고 내 앞에 1개의 마시멜로는 언제 사라질지 모른다. 배가 고플 때 나도 모르게 먹어버릴 수도 있다. 또는 옆에 있는 사람이 몰래 먹어 치울지도 모른다. 당장 만족을 유예하는 사람에게는 더 큰 만족감과 성공이 기다리고 있다. 이것을 꼭 기억하자.

스피치는 나의 꿈을 명확하게 한다. '스피치로 선한 영향력을 준다.'라는 꿈이 가능하다는 것을 증명했다. 스피치는 원하는 꿈을 반복적으로 소리 내어 말하게 한다. 성공한 사람들이 꼽는 "꿈을 매일 소리 내어 말하라."라는 말과 통하는 부분이다. 스피치로 팍팍한 현실보다 꿈에 더 집중했다. 그러자 아이디어가 떠올랐고 그것에 도전했다. 그렇게 해서 많은 말더듬인들의 삶의 질이 향상됐다. 그리고 국가고시를 앞둔 후배들에게 시험전략에 대해 강의도 했다. 앞으로 내가 펼칠 스피치의 선한 영향력은 어디까지일지 아무도 모른다.

사람들은 꿈과 현실 사이에서 갈팡질팡한다. 그러다가 결국 현실을 택한다. 꿈이란 이룰 수 없는 것으로 생각하기 때문이다. 하지만 성공한 사람들은 늘 꿈꾸라 말한다. 꿈에 집중하고 꿈을 이룬 상상을 하라 한다. 그리고 가장 중요한 것으로 "꿈을 늘 말하라." 한다. 스피치를 하면 긍정적인 사람으로 바뀐다. 긍정적인 생각은 팍팍한 현실보다 행복한 꿈에 집중하게 한다. 스피치 주제로 '팍팍한 삶'이 적합할까 '이루고 싶은 나의 꿈'이 적합할까? 메이벨 뉴 컴버는 "문제는 목적지에 얼마나 빨리 가느냐가 아니라 그 목적지가 어디냐는 것이다."라고 했다. 스피치 하자. 스피치는 당신의 꿈을 명확하게 한다.

2장

당신의 가치를
높이는
스피치 기술은
따로 있다

스피치를 배운 사람
vs 스피치를 안 배운 사람

콜럼버스가 신대륙을 찾아 대해를 가르고 있을 때다. 높은 파도 속을 헤치며 나아가기만 하자 선원들의 원성이 높았다. 선원들이 회항을 요구했다. 일등 항해사도 콜럼버스에게 물었다. "별도 하나 보이지 않습니다. 대륙이 정말 있긴 한 걸까요? 우린 어떡하죠?" 콜럼버스는 소리쳤다. "계속 앞으로! 전속력 전진!" 이 한마디는 서양사의 새로운 지평의 역사를 쓰게 된 중대한 분수령이 됐다. 그리고 『가슴 뛰는 삶』의 저자 강헌구는 "브랜드가 깃발이다. 자신을 하나의 상업적인 브랜드로 재창조하라. 브랜드라는 깃발을 나부끼면 그것이 하나의 사회적인 트렌드가 되어 더 많은 사람에게 혜택을 줄 수 있다. 가슴이 더 세차게 고동칠 것이다. 그러니 더 크고 더 멋진, 눈에 더 잘 띄는 깃발일수록 좋다."라고 했다.

당신의 인생에 중대한 분수령은 무엇인가? 당신은 어떤 깃발을 흔들며 사는가?

요즘 퍼스널 브랜딩의 중요성이 주목받는 시대다. 퍼스널 브랜딩(Personal Branding)은 자신을 브랜드화하여 특정 분야에 대해서 먼저 자신을 떠올릴 수 있도록 만드는 과정 또는 특정 분야에서 차별화되는 나만의 가치를 높여서 인정받게끔 하는 과정을 말한다. 예전에는 1인 기업가에게 퍼스널 브랜딩의 중요성이 많이 강조됐었다. 하지만 이제는 다르다. 누구에게나 퍼스널 브랜딩이 필요하다고 한다. 이제는 '중요한 퍼스널 브랜딩'에서 '필요한 퍼스널 브랜딩'으로 바뀌었다. 그렇다면 스피치를 하는 것과 하지 않는 것이 퍼스널 브랜딩에 어떠한 영향을 줄까?

대학교 신입생환영회에 초대되어 참석한 적이 있었다. 새내기의 풋풋하고 밝은 에너지는 보고만 있어도 기분이 좋아지는 효과가 있다. 그런데 무대에 선 새내기들의 자기소개를 보고 있자니 너무 안타까웠다. 내 눈에는 환영회에 참가한 신입생 모두가 스피치수업 대상자였다. 몸을 꼬며 수줍어하고 이름을 말해도 잘 들리지 않았다. 눈은 바닥을 보거나 자기소개 내용을 급히 생각하느라 진땀을 뺐다. 만약 저 많은 신입생 중에 스피치를 배운 학생이 있었다면? 자세를 바로잡고 적절한 목소리로

"안녕하십니까!"로 시작하는 학생이 있었다면? 아마 그 학생의 이름은 오랫동안 기억에 남았을 것이다. 이름을 기억하지 못하더라도 '자기소개 제일 잘한 그 친구'로 확실하게 기억될 것이다. 자신감에 찬 모습이 좋아 교수에게 좋은 평가도 기대할 수 있다. 나의 첫인상과 평가가 좋았으니 착실한 학교생활로도 이어졌을 수 있다. '스피치 수업의 가장 기본이 자기소개인데, 스피치 수업을 받았더라면 정말 좋았을걸.'이라는 생각이 들었다. 그리고 지금이라도 스피치를 꼭 배워야 한다고 말해주고 싶었다. 앞으로는 스피치가 정말 중요한 시대가 될 거라 말해주고 싶었다.

　새롭게 시작한 공부가 있었다. 약속된 시간에 초대된 화상 회의 방에 입장했다. 연이어 다른 여러 사람도 입장했다. 총 10명 정도 되는 듯했다. 강사는 오늘 첫 만남이니 각자 자기소개를 하자 했다. 한 명씩 돌아가며 자기소개를 했다. 그런데 그중 한 명의 자기소개가 점점 길어지기 시작했다. 시간을 보니 그 사람은 5분 정도 자기소개를 한 셈이었다. 스피치에서 자기소개는 보통 1분 정도에 맞추라고 가르친다. 아무리 길어도 1분 30초까지가 적당하다. 일반적으로 자기소개는 여러 명이 있는 자리에서 돌아가며 한다. 만약 이번 사례처럼 10명이 있다면 각자 1분씩만 해도 10분이다. 2분이면 20분으로 시간이 확 늘어난다. 새로운 지식을 쌓기 위해 다들 바쁜 시간을 낸 사람들이다. 그 사람의 자기소개가 길어질수록 다른 사람들의 표정은 점점 굳어졌다. 또 다른 사람은 인사와 거주 지역, 이름만 말하고 끝냈다. 『아트스피치』의 저자 김미경은 "자기소개는 동요와 비슷하다. 1분에서 1분 30초를 넘겨서는 안 된다. 자기소개를 뮤지컬로 했다가는 몰매 맞는다. 그러나 상황을 보면서 시간을 조절하는 센스도 필요하다. 시간 초과는 타인의 시간을 뺏는 무례한 행동이다. 자기소개는 길어도 문제지만 짧아도 좋지 않다. 이는 내키지 않는 모임에 참석한 듯 무성의한 인상을 준다."라고 했다.

"안녕하세요. 대구에 사는 최현혜입니다. 저는 언어발달센터를 운영하고 있으며 스피치강사로도 활동하고 있습니다. 새로운 분야에 대한 공부를 시작한다는 것이 쉽지는 않았습니다. 하지만 퍼스널 브랜딩에 꼭 필요한 공부라고 생각해서 과감하게 시작했습니다. 이 기분 좋은 설렘을 유지하면서 여러분들과 함께 포기하지 않고 끝까지 잘 마무리하고 싶습니다. 만나서 반갑습니다. 감사합니다."

나의 자기소개 내용을 살펴보자. 가장 먼저 인사와 거주 지역, 이름이 나온다. 그리고 내가 무엇을 하는 사람인지 간단히 말한다. 그다음은 여기에 참여한 이유가 꼭 포함돼야 한다. 참여하게 된 계기에는 공감할 만한 내용이면 좋다. 모두 본업을 열심히 수행하고 있었으며 자기 계발을 위한 모임이라는 것을 유념했다. 그리고 모든 참여자의 모임 참여 이유를 명료하게 정리했다. 마지막은 '우리 함께 해요'라는 메시지를 전달했다. 자기소개 후 진행된 반장 뽑기에서 모든 사람이 나를 반장으로 추천했다.

자기소개는 그 사람의 첫인상이다. 첫인상은 외모, 목소리, 말하는 내용 등으로 상대방에게 내뿜는 신호이다. 미국의 심리학과 잉글리드 올슨 교수팀은 실험참가자들에게 다양한 얼굴 사진을 보여줬다. 그다음 긍정적 뜻을 가진 단어와 부정적 뜻을 가진 단어를 가려내게 했다. 그 결과 참가자들은 매력적인 얼굴을 본 뒤 긍정적인 단어를 인식하는 속도가 빠르다는 것을 알아냈다. 올슨 교수는 "무의식적으로 제시됐던 매력적인 얼굴이 긍정적인 정보를 처리하는 뇌 영역을 준비상태로 만든다. 그래서 긍정적인 단어를 인식하는 속도가 빠르다는 것으로 해석할 수 있다."라고 했다. 첫인상이 좋으면 다음에 어떤 행동이라도 했을 때 긍정적으로 평가될 확률이 높다. 좋아하는 사람이 하는 행동은 모두 너그럽게 받아들여지는 것과 같은 것이다. 심리학에서 어떤 대상에 대한 감정이 그와 관련된 다른 것에까지 옮겨가는 현상을 '감정 전이'라고 한다.

내 첫인상을 '쭈뼛쭈뼛'으로 만들 것인가 '똑 부러지는'으로 만들 것인가? 이것이 바로 '스피치를 배운 사람과 안 배운 사람'

의 차이다. 스피치를 배운 후 첫인상으로 나를 호감형으로 만들자. 그리고 사람들에게 긍정적인 평가를 받자. 긍정적인 평가를 받을수록 나의 가치가 높아진다. 높아진 나의 가치가 바로 나의 브랜드다. 따라서 스피치는 퍼스널 브랜딩의 필수 항목이다. 퍼스널 브랜드는 현대 시대의 필수요건이다. 당신은 무엇으로 자신을 브랜드화할 것인가? 스피치로 나를 브랜드화하자. 나의 가치를 스피치로 제대로 나타내자. 스피치를 브랜드의 깃발로 만들자. 그 깃발의 나부낌으로 내가 사회의 트렌드가 되자. 콜럼버스의 분수령과 같은 경험을 하게 될 것이다. 내 인생의 분수령이 바로 스피치가 될 것이다.

지인이 물었다. "스피치학원 다니면 진짜 말 잘하게 되는 거 맞아? 나도 배워볼까?" 나는 반가운 목소리로 적극적으로 추천했다. 지인이 말을 이었다. "에이, 그런 건 원래 말 잘하는 사람들이 더 잘하려고 다니는 곳 아니야?" 나는 그런 경우도 있지만 스피치 학원을 찾아오는 사람들의 실력은 제각각이라 했다. 하지만 누구나 배울 수 있고 배우면 실력이 향상된다고 했다. 삶의 질이 올라가고 만족감이 아주 크다고 했다. "나는 배워도 안 될걸? 워낙 말을 못하는 사람이라." 지인의 길어지는 망설임의 이유를 얼마 후에 알게 됐다. 남편에게 "스피치 학원에 다녀볼까?"라는 말을 꺼내 봤단다. 남편은 "우리 같은 사람이 무슨 스피치야, 우린 배워도 스피치 못 해."라고 했단다.

미국의 대통령이었던 존 F.케네디(John F. Kennedy)는 1962년 한 연설에서 "10년 안에 인간이 달 위를 걷게 하겠다."라고 했다. 그러나 수많은 과학자가 불가능하다고 했다. 케네디는 불가능하다고 말한 과학자들에게 불가능한 명확한 이유를 물었다. 과학자들은 '유인 우주선이 달 위에 착륙할 수 없는 이유'에 대해 정리해서 보고했다. 그 후 케네디는 '가능하다'라고 말한 과학자들을 만났다. 그들은 '불가능한 이유'에 대해 분석하고 해결책을 찾아 가능하게 했다. 대한민국 최고 강연가로 꼽히는 김미경은 저서 『아트스피치』에서 이렇게 말한다. "말 못해서 당하는 설움을 이야기하다가도 막상 말을 배우라고 하면 다들 고개를 젓는다. 그러나 내가 현장에서 스피치를 가르치면서 얻은 결론은 조금 다르다. 스피치는 무조건 배우면 된다."

스피치는 누구나 배울 수 있다. 스피치 실력은 배우고 연습하면 실력이 올라간다. 아나운서나 전문 강사들만의 것이 아니다. 당신도 충분히 할 수 있다. 스피치는 어느 특정한 사람의 것이 아니다. 스피치로 나의 가치를 높이고 브랜드화하자. 스피치를 배운 사람과 안 배운 사람의 차이를 확실히 알게 될 것이다.

02

말을 많이 하는 것과
말을 잘하는 것은 다르다

아이들이 어릴 때부터 학원을 꽤 여러 군데 다녔다. 내가 퇴근하는 시간까지 학원 여러 군데를 돌렸다. 그러다 보니 여러 학원 선생님들을 만나게 됐다. 퇴근길에 아이 학원 선생님에게서 전화가 왔다.

"안녕하세요. 어머니. 오늘 월말 평가가 있었는데 ○○이가 집중을 잘하더라고요. 그래서 결과가 좋게 나왔는데 평소에도 ○○이는 수업시간에 집중도 잘하고 친구들이랑 사이좋게 지내고 잘 웃으면서 지내는데 앞으로도 잘 지낼 수 있게 제가 계속 신경도 쓰겠지만 우리 ○○이가 워낙 밝아 저의 가르침을 수월하게 해줘서 정말 고마워요. 그러니 오늘 ○○에게 칭찬 많이 해주세요. 어머니.”

“아 그렇군요. 알겠습니다. 선생님. 감사합니다.”

선생님이 전화로 여러 가지 정보를 줬다. 하지만 전화를 끊고 나서 핵심 내용이 뭔지 알 수 없었다. “학원 생활 잘하고 있으니 칭찬해 줘라.”만 기억에 남았다. 학부모가 질문할 여지를 주지 않는다. 본인이 해야 할 말만 많이 하고 끝이 났다. 그래서 너무 바빠서 빨리 끊으려고 한다는 느낌을 받는다. 의무적인 관리 상담이라 생각될 수밖에 없다. 상담이 제대로 이루어지지 않았다고 느끼게 된다.

“안녕하세요. 어머니. 오늘 월말 평가가 있었는데 ○○이가 집중을 잘했어요.”
“네. 평소에도 수업시간에 집중 잘하나요?”
“그럼요. 그래서 오늘 월말 평가 결과도 좋게 나왔는걸요. 그리고 늘 밝고 잘 웃어서 친구들이랑 사이도 좋아요.”
“그렇군요. 앞으로도 잘 부탁드립니다. 선생님.”
“네. 저도 계속 신경 쓰겠지만 우리 ○○이가 워낙 밝아서 제가 오히려 수월합니다.”
“네. 저도 늘 선생님 말씀 잘 들으라고 당부하겠습니다.”
“감사합니다. 오늘 ○○에게 칭찬 많이 해주세요.”

"네 선생님. 감사합니다."

위의 상담 전화는 끊고 나서도 모든 내용이 기억된다. 그리고 선생님이 우리 아이를 평소에 잘 관찰하고 있다고 생각하고 마지막은 서로 자신들이 신경 쓰겠다고 하면서 훈훈하게 마무리 됐다. 가르치는 것뿐만 아니라 학부모 상담까지 잘하는 선생님 이라 생각된다. 실제로 잘 가르치기만 하는 선생님보다 학부모 상담까지 잘하는 선생님이 있는 곳은 인기가 많다. 학부모들은 상담까지 잘하는 선생님을 잘 가르치기만 하는 선생님보다 가 치가 더 높다고 여긴다. 가치가 높은 선생님이 있는 그 학원의 가치도 당연히 높아진다. 학부모들은 더 가치 있는 곳에 교육비 를 지불하고 싶어 한다.

말을 막힘없이 쭉쭉 이어가는 사람을 보면 "저 사람 말 참 잘 하네."라고 평가하기 쉽다. 하지만 잘못된 평가인 경우가 종종 있다. 많은 내용을 쏟아낸 사람의 말을 듣고도 정작 기억에 남 는 내용이 없었던 경험은 누구나 한 번쯤 있을 것이다. 학창시 절을 떠올려보자. 선생님이 칠판 앞에 서서 학생들에게 열심히 설명한다. 선생님이 가지고 있는 지식을 학생들에게 열정적으 로 쏟아낸다. 학생들은 선생님을 잘 보고 잘 듣고 있다. 그런데 왜 그 시간이 지나면 들었던 내용이 다 사라지고 없을까?
그것은 바로 상대방의 질문을 고려하지 않았기 때문이다. 많은 내용을 말하더라도 상대방이 이해했는지 파악하면서 말해야 한다. 듣는 사람도 의문점이 생기면 질문해야 한다. 그렇다면 질문이 없는 일방적인 말에 대해 왜 우리는 '말을 잘한다.'라고 평가할까?

가장 큰 원인은 토론식이 아닌 주입식 교육방식을 오랫동안 유지했기 때문이다. 예전엔 그저 선생님이 알려주는 내용을 달달 외우면 됐었다. 벼락치기로 시험점수 높이기가 가능했다. 왜 이건 이렇게 되는지, 저건 왜 저렇게 되는지 궁금하다는 생각조차도 하지 못했다. "선생님이 저렇게 말씀하시니까 저런 거다." 가 당연했다. 혹여나 궁금하더라도 물어보는 것이 부끄러운 행동처럼 여겨졌고, 내가 모르고 있다는 것을 드러내는 게 창피하다 느꼈기 때문이다. 질문이 없으니 질문하는 방법을 배우지 못하는 것은 당연하다. 어떤 질문을 어떻게 해야 하는지 어려워하는 사람이 많다는 게 현실이다. 이처럼 우리 세대는 서로의 의견에 질문하는 것이 익숙하지 않았기에 그렇게 질문하는 능력을 잃었다. 그래서 말을 '잘하는 것처럼' 보이는 사람을 말 잘하는 사람으로 생각하게 됐다. 게다가 어른이 말씀하신 것에 대해 절대 토를 달면 안 된다고 교육받았다. '질문'이 '토를 다는 것'으로 여겨졌다. 심지어 어른이 한 말에 대해 반대의견을 내면 버릇없는 아이가 되기도 했다. 이른바 '말대꾸'를 하는 사람이 된다. 그렇게 우리는 사고력 확장 기회와 토론식 말하기 능력을 잃어갔다.

불법 다단계나 사이비종교에 빠지는 것, 그리고 사기꾼에게 속는 경우를 생각해보자. 속이고자 하는 사람은 속는 사람에게 말할 기회를 주지 않는다. 질문이나 토론의 여지가 없다. 일방적으로 이건 이래야 하고 저건 저래야 한다고 쉴 새 없이 떠든다. 속이고자 하는 사람이 하는 많은 말은 말 잘하는 사람의 말이 아니다. 하지만 '말 잘하는 사람'에 대한 잘못된 개념으로 오히려 똑똑한 사람이라고까지 생각한다. 말 잘하는 사람은 똑똑해 보인다. 그래서 쉽게 믿게 된다.

요즘은 공교육에서도 토론식 수업이 많이 진행되고 있다. 주입이 아닌 토론이 중요하다는 것을 경험으로 깨달았기 때문이다. '토론식 수업'을 내걸고 운영되는 학원도 많아졌다. '토론식 논술', '토론 수학', '토론식 영어' 등 교육방식이 예전과 많이 달라졌다. 말을 조리 있게 하는 것이 아이 교육에서 점점 더 크게 주목받고 있다. 정말 다행이다. 스피치 학원 등록카드의 바라는 점에는 대부분 이렇게 적혀 있다. "아이가 말을 조리 있게 했으면 좋겠습니다.", "어디에서든 자신감 있게 말할 수 있는 아이가 됐으면 좋겠습니다." 이 두 가지는 학부모가 스피치 수업으로 바라는 점에 거의 포함된다.

말수가 상대적으로 너무 적어도 오해를 사기 쉽다. 부부 동반 모임에 나간 적이 있다. 남편 친구의 아내들은 모두 서로 처음 만나는 자리였다. 각자 서먹한 분위기를 조금이라도 없애기 위해 대화 주제를 하나둘씩 던졌다. 그중 C는 한마디도 하지 않았다. 낯을 많이 가려서 그러겠거니 했다. 얼마나 자리가 불편할까 싶어서 몇 개의 질문을 던졌다. 모두 아이를 키우는 엄마였기 때문에 아이에 대해 질문했다. 하지만 C와의 대화는 금세 끊어졌다. 나는 질문만 하고 C는 대답만 하는 상황이 되었고, 마치 나와 대화하기 싫어하는 사람에게 억지로 말을 붙이는 것 같은 기분이 들었다. 모임 내내 C는 다른 사람의 질문에도 단답형 대답만 했다. 후에 C를 제외한 다른 엄마들과는 SNS로 친분을 쌓았다. 가끔 커피도 마시고 밥도 먹는다. 남편과 대화하다가 C에 관한 이야기가 나왔다.

"그 자리가 꽤 많이 불편했나 봐. 낯도 많이 가리는 것 같았어."

"안 그래도 친구가 자기 아내는 말주변이 워낙 없다고 하네. 괜히 분위기 다운시킨 거 아닌가 하면서 미안해하더라. 근데 모임은 재미있었대."

스피치 수업에서 중요하게 다루는 부분이 있다. 바로 '질문하기'다. 한 사람이 앞에서 스피치를 마치면 다른 수강생들이 돌아가면서 질문한다. 방금 보고 들은 스피치 내용과 관련한 질문을 꼭 하나는 해야 한다. 그리고 '발표자의 스피치에 경청했는가?', '경청하기 어려웠다면 그 이유가 무엇인가?'와 같은 전체적인 피드백도 한다. 수강생들은 질문거리를 억지로라도 만들어내야 한다. 처음에는 무슨 질문을 어떻게 해야 하는지 난감해한다. 하지만 질문하기 연습이 거듭될수록 수강생들은 '질문하기' 실력이 높아졌다. 질문하기도 배우고 연습하면 된다. 어떠한 자리에서 어떤 주제를 가지고도 질문하기가 가능하게 되면 인간관계에 분명한 도움이 된다. 원만한 인간관계는 나의 가치를 높이는 중요한 항목이다.

　내 아이가 어디서든 조리 있게 말을 잘하길 바라는가? 어른인 나도 타인에게 좀 더 쉽게 다가갈 수 있길 바라는가? "질문하라! 이것이 오천 년 유대 교육의 비밀이다."라고 한 마빈 토케이어의 명언을 기억하자. 이제는 우리 아이에게 '주입'하지 않고 마음껏 '질문'하는 '토론'의 환경을 만들어주자. 말을 많이 하는 것과 말을 잘하는 것은 다르다.

스피치를 잘하면
자존감이 높아진다

    감명 깊었던 책이나 영화를 주제로 한 스피치 시간이었다. 내가 준비한 것은 '나의 라임 오렌지 나무'였다. 책을 원작으로 하여 영화로도 개봉된 『나의 라임 오렌지 나무』와 내 경험을 연결지었다. '누구나 힘든 시기가 있지만 온전한 내 편 하나만 있으면 살아진다. 그것이 사람이든 이외의 존재이든'의 내용이었다. 주인공 '제제'와 소울메이트 '뽀루뚜까', 그리고 '나무'의 연결이 깊은 감동을 준다. 제제는 가족들에게 매질과 냉대를 받는 5살의 브라질 소년이다. 외로움 속에서 만난 뽀루뚜까 아저씨는 제제를 항상 위해주고 사랑으로 보살펴준다. 그런 뽀루뚜까를 기차사고로 잃은 제제는 심한 열병을 앓는다. 하지만 제제의 버팀목인 라임오렌지나무 '밍기뉴'에게 치유받으며 성장한다. 주인공 '제제'를 보며 유년 시절을 함께한 반려견 '현자'가 생각났다. 새하얗고 늠름한 풍산개인 현자를 우리 가족 모두가 사랑했다. 그런 현자가 복날에 감쪽같이 사라졌다. 우리 가족은 다 똑같은 예상을 했지만, 입 밖으로 꺼내지는 않았다. 대문을 항상 지키고 있던 새하얗고 늠름한 현자를 하루아침에 잃었다. 슬픈 내면의 기억을 다시 꺼낸다는 것은 스트레스 지수를 높인다. 하지만 난 왜 이 힘든 기억을 꺼내어 스피치했을까? 아마도 내 슬펐던 기억을 끄집어냄으로써 다른 사람들에게 공감을 얻고 그것으로 치유받고 싶었던 게 아닐까? 실제로 발표 준비를 하는 과정에서 치유되는 경험을 했다. 발표가 끝나고 난 후 뭔가 모를 벅참이 한참 동안 가라앉지 않았다.

아이들이 2년 전부터 반려견을 키우고 싶다고 했다. 단호하게 키울 수 없다고 했다. 내가 농담 반, 진담 반으로 한 말이 있다. "우리 집에는 더 이상 키우는 것 금지, 식물도 금지." 사람이든 동물, 식물이든 제대로 키워낸다는 건 매우 어려운 것이라는 생각 때문이었다. 아이들이 수시로 강아지를 키우자고 졸라댔다.

"강아지 키우는 게 보통 일인 줄 알아? 밥도 주고 산책도 시켜주고 아프면 병원 데리고 가고 똥오줌은 누가 다 치울 거야? 너희가 다 할 거야?"

하지만 '키우던 강아지 죽으면 너희 어떡하려고 그러니?'가 내가 진짜 하고 싶은 말이었다. 반려견을 키우면 함께하는 가족들의 정서에 좋은 영향을 준다. 가족들은 반려견과 순수하고 가식 없는 감정을 반복적으로 교류하게 된다. 그러면서 사람에게 무한한 충성과 사랑을 주는 반려견의 마음을 느낀다. 결국, 반려견은 모두에게 정신적, 육체적 건강함을 가져다준다. 하지만 만남이 있으면 이별이 있다. 특히 반려견과의 이별은 겪어본 사람만이 안다. 나는 그것을 온전히 이겨내지 못한 상태였다고 생각했기에 또 한 번의 이별을 경험할 자신이 없었다. 자신감이 없는 이유는 자존감이 낮기 때문이다. 자존감과 자신감은 뗄 수 없는 관계다. 나의 낮은 자존감이 아이들의 자존감에까지 부정적 영향을 줬다. 이별의 아픔에서 쉽게 빠져나오지 못한 내 경험을 아이들도 똑같이 겪을 것으로 생각했다. 하지만 스피치 후 내가 아이들을 과소평가하고 있을지도 모른다고 생각을 했다.

현자에 대한 스피치는 이별에 대한 아픔보다 행복한 기억을 더 많이 떠올리게 했다. 더 이상 이별에 대한 아픔에 얽매여 있지 않게 된 것이다. 이제 우리 집에는 요크셔테리어 '호랑이'가 있다. 강아지인데 이름이 호랑이다. 세 딸의 이름들에 있는 '랑'을 똑같이 넣어서 지었다. 우리 가족들은 모두 '이별'에 대해 걱정하지 않는다. 함께할 수 있는 주어진 시간 동안 건강하고 행복하게 지내는 것에만 집중한다. 스피치를 하지 않았다면 여전히 이별이 두려워 호랑이를 만나지 못했을 것이다. 하지만 스피치 후 올라간 자존감으로 호랑이를 만났다. 세 딸은 "엄마, 호랑이 키우게 해 주셔서 정말 정말 감사합니다."라고 자주 말한다. 높아진 나의 자존감이 가족 모두를 기쁘게 했다. 사람이 살아가는 데에 있어 높은 자존감이 얼마나 중요한지 확실히 알게됐다. 정말 스피치하길 잘했다. 당신도 스피치로 아픔을 치유받는 경험을 해보자. "스피치하길 잘했다."라는 생각이 저절로 들것이다.

싱크로니시티(Synchronicity)를 아는가? "작은 확률로 일어나는 아주 멋진 우연, 우연치고는 너무 신기한 일"을 뜻한다. 쉽게 말해 '우연의 일치'다. 누구나 한 번쯤은 경험했을 싱크로니시티를 나는 스피치 배우기를 결심한 후 자주 겪었다. 스피치 수업에 꼭 참석하고 말겠다는 다짐 후 아이 돌보미 신청 현수막이 눈에 띈 것. 그리고 오랫동안 못 본 친구를 근래에 자주 떠올렸더니 길을 가다 마주친 것 등이 있다.

또 이런 일도 있었다. 카페에서 근처 사는 사촌 언니와 사촌 언니의 친구 쏭언니와 커피를 마셨다. 그때 나는 디지털 피아노를 너무 사고 싶었다. '어디 싼 값으로 구할 방법이 없을까?'라는 생각만 했다. 새것은 200만 원은 돼야 내가 원하는 품질의 피아노를 가질 수 있었다. 부담되는 액수였다. 그래서 중고 피아노도 알아보았지만, 중고 피아노도 내가 예상했던 가격보다 높았다. 악기가게 옆을 지나갈 때는 더욱 눈에 불을 켜고 살펴

봤다. 그렇게 며칠을 '아… 피아노 갖고 싶다… 제발 내 눈앞에 적당한 게 딱! 띄었으면…' 하는 마음으로 계속 머리를 굴렸다. 그런데 웬걸. 함께 커피를 마시던 쏭언니가 말했다. "우리 집 베란다에 처치 곤란 피아노가 한 대 있어. 애들이 크니까 피아노를 안 치네. 버리려니까 너무 멀쩡해서 아깝기도 해. 어떻게 해야 할지 참." 순간 나는 너무 놀라 뜨거운 커피를 다 쏟을 뻔했다. "언니! 그거 나 줘요! 내가 갖고 갈게!" 나는 그 멀쩡한 디지털 피아노를 운반비 7만 원만 들여 우리 집으로 데리고 왔다.

『보물지도』의 저자 모치즈키 도시타카는 이렇게 말한다. "저는 스스로를 일컬어 '걸어 다니는 싱크로(싱크로니시티의 줄임말) 마스터(달인)'라고 부릅니다. 세상에는 우연이란 없다고 말하는 사람들이 있습니다. 그들은 모든 일이 필연적이며 다 의미가 있어서 일어난다고 말이지요. 이제 작은 우연 하나도 놓치지 마세요. 처음에는 긴가민가했던 우연도 쌓이고 쌓이다 보면 큰 행운으로 돌아오는 날이 올 테니까요."

우리가 말하는 우연의 일치는 필연적이라는 걸 스피치를 배우고 나서 알았다. 스피치를 하기 전이었으면 '피아노 한 대가 뭐가 이렇게 비싸?', '어차피 집이 좁아서 그 큰 피아노를 놓을 자리도 없어.'라고 생각했을 것이다. 그럼 당연히 피아노를 구하기 위한 고민 자체를 하지 않게 된다. 그렇게 되면 지금까지도 피아노는 우리 집에 없는 물건이 된다. 하지만 스피치 후 올라간 자존감은 나에게 많은 싱크로를 경험하게 했다. 싱크로를 거듭 경험하면 또 다른 싱크로를 바라게 된다. 그러면 자연스럽게 그 싱크로가 이루어진 모습을 자주 상상하게 된다. 스피치는 싱크로를 지속해서 경험하게 한다. 왜냐하면, 내가 바라는 꿈을 자주 상상하고 말하게 되기 때문이다. 내가 말한 목표들을 하나둘씩 이룰수록 자신감과 자존감이 올라간다. 자존감이 올라간 나는 그것으로 가치가 높아진다. 그것이 바로 인생을 바꾸는 기적의 스피치다.

머지않아 지금의 디지털 피아노를 그랜드피아노로 바꾸려고 한다. 그랜드피아노를 집에 들이려면 일단 집이 아주 넓어야 한다. 내 멋진 펜트하우스 거실에 놓인 그랜드피아노는 상상하면 상상할수록 정말 멋지다. 그 자리에 앉아 내가 좋아하는 곡을 매일 연주하는 모습을 떠올린다. 이렇게 나는 다음 싱크로를 기대하며 꿈을 꾼다. 이제 이 꿈을 스피치로 발표하면 금상첨화다. 남들이 내 꿈의 내용을 알면 핀잔할 수도 있다. 어느 세월에 펜트하우스를 사고 어느 세월에 그랜드피아노를 살 만큼의 돈을 벌겠냐고 말이다. 하지만 스피치로 높아진 자존감 덕분에 그 어떤 꿈에 대해 말하는 것도 자신 있다. 오히려 자신의 꿈에 한계를 두고 시도하지 않는 사람이 안타깝게 느껴진다. 『보물지도』의 저자 모치즈키 도시타카는 또 이렇게 말한다. "성공한 사람들은 이렇게 말합니다. 목표를 종이에 써라. 그것을 수시로 보고 되뇌어라. 자신이 성공하는 장면을 자주자주 떠올려라. 항상 문제의식을 가져라. 이 말들의 근거를 뇌 과학이 증명하고 있습니다."

나는 내 목표를 이렇게 책으로 썼다. 그리고 수시로 보고 되뇐다. 나의 멋진 펜트하우스 거실에서 그랜드피아노로 연주하는 내 모습을 자주 떠올린다. 그리고 그것을 스피치한다. 이렇게 잠재의식을 내 편으로 만들어 결국 꿈을 이루게 된다.

스피치 전이라면 위의 목표들을 생각해 낼 수는 있었을까? 위의 목표들을 당당하게 말할 수는 있었을까? 정말 스피치하길 잘했다. 당신도 스피치를 하자. 스피치를 하면 꿈꾸게 된다. 꿈꾸면 꿈이 이루어진 모습을 상상하게 된다. 꿈을 이룬 내 모습이 잠재의식을 내 편으로 만든다. 결국, 당신은 꿈을 이루게 된다. 깨어있는 내 정신과 함께 꿈을 이루고자 하는 데에 에너지를 써야 더 가치 있는 쓰임이 된다.

호랑이와 가족이 된 것, 피아노를 갖게 된 것, 주위 시선 따위 개의치 않고 더 큰 꿈을 가지게 된 것. 이 모든 것은 바로 스피치로 올라간 내 자존감의 결과다. 스피치 하길 정말 잘. 했. 다.

04

스피치를 한 후
멋진 엄마가 되었다

우리 집은 11층이다. 세 딸을 데리고 엘리베이터를 같이 탈때가 많다. 특히 퇴근하고 저녁 7시 30분쯤 귀가 엘리베이터를 탄다. 여러 학원을 돌고 마지막에 태권도학원에 모여 있던 세자매를 데리고 엘리베이터를 타는 시간이다. 다른 집도 귀가 시간이 비슷한가 보다. 그 시간에는 꼭 같은 라인에 사는 이웃사촌이 함께 탄다. 만약 같이 탄 이웃이 50대 이상이신 분이라면 꼭 한마디 하신다. "요기 딸들 엄마라예?" 나는 멋쩍은 듯 대답하며 웃는다. "네." 그럼 어김없이 뒷말이 돌아온다. "하이고매. 누가 애기 엄마라 카근노? 느그는 좋겠다. 엄마가 이래 멋지고 이뻐가!"

엘리베이터에 누군가 같이 탄 적은 늘 많았다. 하지만 내 표정을 보고는 아무도 말을 못 붙였을 것이다. 나는 '아무도 나에게 말을 걸지 마시오.'라는 말을 곧 내뱉을 것 같은 표정이었다. 그런 사람에게 누가 말을 붙일 수 있겠는가? 행여나 엘리베이터에서 세 자매 중 한 명이 말이라도 시작하려 하면 "쓉! 엘리베이터에서는 조용히 해야지."라며 험악한 분위기를 만들었다. 그런 나에게 누가 말을 붙이겠는가? 그럼에도 불구하고 우리 집 세 자매는 늘 인사를 잘했다. 엘리베이터에 모르는 사람이 타더라도 "안녕하세요!"라고 하며 씩씩하게 인사했다. 하지만 그것이 내겐 불편하기도 했다. 나도 상대방에게 눈인사라도 해야 하고 화기애애한 분위기를 유지해야 한다는 부담감이 싫었기 때문이다. 그렇다고 아이들에게 인사하지 말라고 가르칠 수는 없는 노릇이다. 나는 그냥 눈인사만 간단히 하고 굳게 닫혀 있는 엘리베이터 문만 바라봤다. 굳게 닫혀 있는 엘리베이터 문이 굳게 닫힌 내 마음과 똑같았다.

하지만 스피치를 배우기 시작한 후 긍정적으로 세상을 바라보게 된 나는 완전히 달라졌다. 아이들과 나는 이제 엘리베이터 문이 채 열리기도 전부터 모두 눈을 반짝인다. 누가 먼저 밝게 인사하나 시합이라도 하는 듯하다. 아이들은 제각각의 추리도 한다. "14층 할머니가 타고 계실 것 같아!", "아니야, 15층 양복 할아버지일걸?!" 그러다가 엘리베이터 문이 열리면 모두 밝게 인사한다. 인사를 받는 모든 분이 "아이고 예뻐라! 안녕?"이라며 인사를 건넨다. 한여름 땀을 뻘뻘 흘리며 일하시는 택배기사님의 지친 얼굴도 확 바뀌게 한다. 당연히 나도 웃으며 "안녕하세요." 한다. 엘리베이터 안은 순식간에 행복 바이러스가 가득한 곳이 된다. 나는 경험으로 11층에서 1층까지 내려가는 시간 차이를 확실히 알게 됐다. 침묵의 15초는 15분과 같고 화기애애의 15초는 5초와 같다는 것을.

똑같은 시간과 장소에서 느끼는 분위기가 이렇게 확연하게 다른 이유가 뭘까? 바로 '생각의 눈덩이(mental snowball)' 때문이다. 생각의 눈덩이란 부정적이거나 불안한 생각이 통제 불능 상태로 커지는 것을 말한다.

리처드 칼슨의 『사소한 것에 목숨 걸지 말라』에서는 이렇게 말한다. "엎친 데 덮친 격으로 자신을 불안하고 초조하게 만드는 일에 깊이 빠져들면 빠져들수록 우리의 기분은 더 엉망이 되고 맙니다. 한 가지 생각은 다른 생각을 낳고 그 생각은 또 다른 생각으로 꼬리를 잇지요. 도저히 믿어지지 않을 정도로 흥분될 때까지 생각은 꼬리에 꼬리를 물게 되어 있습니다."

스피치를 하기 전 나는 늘 생각의 눈덩이에 사로잡혀 있었다. 하나의 걱정거리로 인해 부정적인 생각이 꼬리에 꼬리를 물었다. '이번 달에 또 차가 고장 났네. 오래된 차가 다 그렇지 뭐. 그럼 차를 새로 사야 하는데 차 살 돈이 어디 있어. 다른 골치 아픈 일도 많은데 차까지 말썽이야. 진짜 되는 게 하나도 없네. 이번 달 가스비는 왜 이렇게 많이 나온 거야? 하… 진짜 짜증나 죽겠어. 평생 이렇게 어떻게 살지?' 이렇게 스스로 생각의 눈덩이가 커지는 줄도 모른 채 살았다.

리처드 칼슨은 뒤이어 이렇게 말한다. "해결책은 간단합니다. 생각이 더 커지기 전에 당신의 머릿속에 일어나고 있는 일들을 현명하게 파악하는 것입니다."

스피치를 시작하고 나서는 생각의 눈덩이가 커지는 것을 멈출 수 있는 능력이 생겼다. 스피치 수업 준비는 늘 미래를 위한 구체적인 계획과 희망, 성공에 관한 내용이었기에 생각의 눈덩이를 멈추게 했다. 내 머릿속에 일어나고 있는 일들을 현명하게 파악할 수 있게 됐다.

남편에게 전화가 왔다. "이제 진짜 차가 죽어버렸어. 엔진 수명이 아예 다 됐어. 시동이 안 걸려서 차 안에 짐들도 못 꺼내." 내 눈치를 보고 많이 미안해하며 말했다. "뭐 죄지었어? 20년 다 된 차를 지금까지 타고 다닌 것도 용해. 일단 알았어." 하고 전화를 끊었다. 이성적으로 생각하려 애썼다. 다시 말해 생각의 눈덩이가 커지지 않게 했다. 스피치 수업에서 다룬 문제 해결방법에 초점을 맞추자. 남편의 차가 수명이 다하기 두 달 전에 교통사고로 중고차를 구매했던 터라 부담은 더 가중됐다. 그래도 어차피 차는 사야 한다. 그다음엔 '신차 구매인가 중고차 구매인가' 문제에 집중했다. 지금까지 계속 중고차를 수리하면서 수명 유지를 해왔다. 매번 수리할 때 필요한 비용과 시간을 생각하며 '그래. 이번에는 신차다. 제대로 된 차를 구매해서 고장 걱정 없이 오래 타자. 이왕 사는 거 7인승으로 사자. 그러면 아이들도 뒷좌석에서 편하게 있을 수 있어.' 결정한 후 남편에게 전화했다. 남편이 처음에는 부담이 많이 되지 않겠냐며 걱정했다. 하지만 후에 이야기를 들어보니 남편도 내심 신차 구매를 원했다고 했다. 그런데 내가 우리 형편에 안 된다고 딱 잘라 거절할 것 같았다고 했다. 그 말을 들으니 내가 스피치를 배우기 전의 행동 패턴을 알 수 있었다. 조금이라도 부담될 것 같은 것은 절대 안 된다고 단정 지었다. 하지만 스피치를 배운 후 가능성을 이성적으로 분석할 수 있게 됐다. 물론 걱정 부담이 전혀 안 됐던 건 아니다. 덜컥 신차 구매를 하겠다고 말하고서도 '진짜 이게 맞나?'라는 생각이 들었다. 하지만 다시 생각의 눈덩이가 커지기 전에 멈추고 이성적으로 문제를 바라봤다. 남편과 상의 후 매장을 들러 시승 후 바로 신차를 계약했다. 코로나 때문에 차를 받으려면 1년 가까이 기다려야 한다고 했다. 나는 기다리지 않겠다고 했다. 전국에 있는 전시품 중에서 가장 적합한 것으로 바로 받겠다고 했다. 전시 차 구매는 할인도 많이 된다. 게다가 우리는 다자녀 가족이다. 취·등록세 면제도 받았다. 그리고 10년 전에 시어머니가 같은 회사의 차를 구매한 명세가 떴다. 과거 구매명세로 또 할인을 받았다. 우리는 천만 원에 가까운 금액을 할인받았다. 차를 받고 주차장으로 아이들을 데리고 내려갔다. 아이들이 외쳤다. "이렇게 큰 차를 엄마가 샀다고? 우리 엄마 진짜 멋져!"

스피치 전이었으면 동일한 상황에서 나는 어떻게 대처했을
까? 남편의 전화를 받고 내용을 듣자마자 화부터 냈을 것이다.
"그래서 나보고 어쩌라고? 난 몰라. 오빠가 알아서 해." 전화를
끊고 나서도 남편에게 그렇게 말한 내 모습이 싫었을 것이다.
그 생각에 또 화가 났을 것이다. 문제 해결에 초점을 두지 않고
생각의 눈덩이를 점점 더 키웠을 거다. 하지만 스피치 후 대처
방법은 예전과 완전히 뒤바뀌었다. 스피치 수업에서 가장 중요
하게 다루는 '주제에서 벗어나지 않기'를 적극적으로 실천했다.

리처드 칼슨은 "어차피 우리의 인생은 바구니 속이 가득 차게
돼 있다."라고 했다. 바구니 속에 있는 내가 해야 할 항목들은
언제나 가득 차 있다. 바구니 속에 한 항목을 처리한다 해도 새
로운 항목이 또 들어온다. 인생에서 일어나는 문제들을 깨끗이
비워내야 할 것으로 생각하지 말자. 어차피 그 문제를 덜어내도
또 다른 문제로 채워진다. 내가 이 세상을 떠날 때도 마무리 짓
지 못한 일들은 여전히 남아 있다. 문제들을 불행거리가 아닌
'경험'으로 여기자. 경험은 앞으로의 문제에 대한 마음가짐을 다
르게 해 준다. 이번의 경험으로 다음에 비슷한 문제가 생겼을
때 당황하지 않고 일을 해결할 수 있다.

이 모든 것들은 스피치를 배운 후에 가능했다. 스피치 수업에
서 다뤘던 것들로 나의 가치가 올라갔다. 나 스스로 가치 있는

인간이라 인정할 때의 기분을 경험하자. 나는 스피치를 한 후 멋진 엄마가 됐다. 당신도 스피치를 하자. 스피치를 한 후 멋진 엄마가 된 모습을 상상하자. 그리고 실천하자. 스피치를 하면 당신도 멋진 엄마가 된다.

스피치로 내가
얼마나 근사한 사람인지 깨달아라

"애들 데리고 나 먼저 가 있을 테니까 자기는 퇴근하면 바로 와." 토요일에 몰려 있는 스피치 강의로 인해 약속 장소에 늦게 가야 했다. 남편이 아이들을 데리고 먼저 지인의 별장으로 갔다. 퇴근 후 달려간 별장에서 오랜만에 만난 지인들이 나를 무척 반겼다. 결혼 전부터 모두 알고 지냈지만 내 상황이 녹록지 않으니 자주 만나지 못했다. 서로 악수하며 반갑게 인사했다. 수진 언니는 나를 보자마자 말했다. "와! 뭐야? 성공한 여성이 따로 없네! 누가 봐서 아줌마인 줄 알겠어? 멋지다 현혜야!" 수진 언니와 8년 만에 만났다. 내가 가장 암울했을 때 마지막으로 보고 이번에 다시 본 것이다. 나를 반기는 수진 언니의 인사는 내게 큰 충격이었다. '성공한 여성'이라는 단어가 귀에 박혀 내

가슴을 벅차오르게 했다. 결혼 후 힘든 시간을 보내며 늘 성공하고 싶다고 생각했다. 그러나 나에게만큼은 절대 오지 않을 것 같은 것이 바로 성공이었다. 그러다가 스피치를 배우기 시작하면서 다시 성공을 꿈꾸고 있지만, 아직 성공으로 가기 위한 멀고 긴 여정이 남았다고 생각했다. 그래서 더 열심히 앞으로 나아간다는 다짐을 하며 하루하루를 보내고 있었다. 한마디로 성공까지는 아직 멀었다고 생각했는데 그런 나에게 '성공한 여성'이라니! 마치 진짜 이미 성공한 사람이 된 듯했다.

우리는 함께 맛있는 음식을 먹고 즐겁게 이야기를 나눴다. 그러던 중 수진 언니의 남편인 화수 오빠가 말했다. "현혜야, 혹시 너 책을 써볼 생각은 없어?" 나는 순간 '혹시 이 사람… 내 마음속에 들어갔다 나온 건가?' 싶었다. 오래전부터 작가를 꿈꿨기 때문이다. 글쓰기를 체계적으로 배운 적도 없고 국문학과를 졸업한 것도 아니다. 그러나 언젠가 꼭 작가가 되고 싶다고 생각을 했다. 늘 책을 좋아했다. 다독은 아니더라도 꾸준하게 책을 읽었다. 그러나 주변 사람들은 잘 몰랐다. 왜냐하면, 책은 늘 혼자 있을 때 읽었기 때문이다. 그런데 세상에나, 나에게 책을 써 볼 생각은 없냐고 물어보는 화수 오빠가 너무 신기했다. 나는 말했다. "언젠가는 꼭 책을 쓰고 싶다는 생각은 했었어요. 그런데 제가 책을 진짜 쓸 수 있을까요?" 뒤이어 화수 오빠가 또 말했다. "너는 꼭 성공할 사람이야. 내가 너를 오랫동안 봤잖아. 스피치 배운 지 얼마 안 돼서 금방 스피치 강사도 되고.

넌 충분히 책도 쓸 수 있는 아이야."

화수 오빠는 의사이자 이미 곧 저서 출판을 앞둔 사람이다. 그런 화수 오빠가 나에게 이렇게 말하다니. 스피치 이후 긍정적 에너지를 갖고 지낸 결과가 바로 이런 것이구나 싶었다. 스피치를 배우고 내가 얼마나 근사한 사람이 됐는지. 내가 얼마나 가치 있는 사람인지 증명되는 듯했다.

'성공한 여성'과 '책 쓰기'에 대한 여운이 남아있었던 그즈음, 첫 직장에서 같이 근무했던 옛 동료 이성희 선생님을 만났다. 이성희 선생님은 울산에 살지만, 간간이 나를 만나러 대구까지 내려왔다. 이성희 선생님은 나를 17년 동안이나 봐 왔다. 오랜만에 만난 이성희 선생님과 나는 준비한 선물들을 주고받으며 많은 이야기를 나눴다. 그러던 중 이성희 선생님이 내게 말했다. "현혜쌤아, 쌤은 책 쓸 생각 없어? 쌤이 책 쓰면 참 좋겠다는 생각을 예전부터 종종 했었거든. 젊은 사람이 다른 사람 도움받지 않고 다 극복하고 지금 결국 잘나가잖아! 쌤은 진짜 앞으로 성공할 거야 정말!"

심장이 터질 것 같았다. '내가 스피치를 배우고 나서 정말 멋진 사람이 됐구나. 아니, 멋짐을 넘어서 근사한 사람이 됐구나! 어떻게 한 명도 아니고 연이어 두 사람이 나에게 책을 써보라고 말하는 걸까?' 나는 집으로 돌아오는 동안 작가가 되어 내 책을

안고 기쁨의 눈물을 흘리는 나를 상상했다. 지인들에게 축하 연락을 받느라 하루가 모자랄 내 시간을 상상했다. 그리고 그날 밤은 잠이 오지 않았다. 거의 뜬눈으로 지새웠다.

다음 날 아침 친구 현지에게서 전화가 왔다. 하루 한 번 이상도 통화하는 베프다. 현지가 물었다.

"뭐 하노? 애들은 학교 다 보냈나?"

"응… 이제 출근하려고."

"목소리가 와글노? 뭔 일 있나?"

"현지야, 네가 날 봤을 때 내가 진짜 멋지나? 사람들이 자꾸 요즘에 멋지다 그리고 대단하다고 그러는데 진짜 맞나? 내보고 책도 쓰라 하더라. 내가 무슨 작가고? 맞제? 그런 거는 아무나 하는 거 아니잖아? 맞제?"

"야! 미쳤나! 니가 왜 아무나고! 다른 사람은 몰라도 니는 할 수 있다! 책 써라, 써라. 무조건 써라! 알겠나? 애 셋 키우면서 니처럼 하는 게 어디 보통 일인 줄 아나? 나도 애 키우면서 일하지만 넌 진짜 대단하다. 차원이 다르다. 알겠나?"

눈물이 왈칵 쏟아지려는 걸 간신히 참고 통화를 끝냈다. 그리고 언젠가 수업에서 보고 들은 한 청년의 스피치 내용이 떠올랐다. 힘든 군대 생활에서 자신을 위로했던 노래라며 아이돌그룹 오마이걸의 '비밀정원'의 가사를 띄웠다.

"내 안에 소중한 혼자만의 장소가 있어. 아직은 별거 아닌 풍경이지만. 조금만 기다리면 곧 만나게 될걸. 이 안에 멋지고 놀라운 걸 심어뒀는데. 아직은 아무것도 안 보이지만. 조금만 기다리면 알게 될 거야. 나의 비밀정원"

암울했던 군대 생활을 노래 가사를 되뇌며 견뎠다고 했다. 세련된 화면과 특유의 유머를 섞어 재미있게 스피치했다. 특히 남자 수강생들에게 큰 공감을 얻어 스피치 후 많은 박수를 받았다. 나도 화기애애한 분위기 속에서 밝게 웃으며 박수를 보냈다. 그런데 가사를 보면 볼수록 내 상황에도 꼭 맞는 것 같아 크게 와닿았던 기억이 있다. 그때의 기억 속 감정이 현지와의 통화 후 되살아났다. "그래. 책을 쓰자. 책을 써서 스피치로 선한 영향력을 끼치기로 한 내 목표를 위해 본격적으로 움직이자."

생각해보면 내 주위에는 좋은 사람들이 항상 있었다. 지금도 그렇다. 그것을 모른 채 부정적인 생각으로 지낸 시간을 생각해본다. 내 주위에는 꼭 인생에 도움이 안 되는 사람만 존재한다고 생각했다. 그렇지만 나에게 긍정적 에너지를 주는 이들이 있어 정말 감사하다. 스피치를 배우고 긍정적인 사람으로 바뀌고 난 후 이들을 알아봤다. 이들은 앞으로도 늘 내 곁에 존재하는 사람들이다. 그것을 절대 잊지 않을 것이다. 내 주위에 도움이 안 되는 사람만 있는 것 같은가? 스피치를 하자. 스피치를 하면 주변에 보이지 않던 고맙고 소중한 사람들이 눈에 보인다. 그 사람들로 내가 얼마나 멋지고 근사한 사람인지 확인받게 된다. 나의 가치가 처음보다 올라간 것이 아니다. 나의 가치는 처음부터 높았다. 하지만 그것을 알아채는 것은 자신의 몫이다. 스피치를 배우고 나서 근사한 사람이 된 것이 아니다. 스피치를 배우고 나서 내가 근사한 사람이라는 것을 깨달은 것이다. 이렇게 나의 가치를 높이는 스피치 기술은 따로 있다. 스피치를 배우자. 스피치로 당신이 얼마나 근사한 사람인지 깨닫자. 스피치 후 당신에게도 기적 같은 일들이 계속 일어날 것이다.

06
현대인의 품격은
스피치에서 나타난다

모처럼 팔공산에 있는 방갈로 식당에서 닭백숙을 먹기로 했다. 토요일에 몰려 있는 스피치 강의를 마치고 집으로 돌아가는 길에 갑자기 잡힌 일정이었기에 얼른 예약해야 했다.

"1시간 후에 어른 둘, 아이 셋 예약할게요."

닭백숙은 조리 시간 때문에 최소 한 시간 전에 주문해야 한다. 그렇게 주문을 하고 집으로 출발할 때쯤이었다. 남편에게 다시 전화가 왔다. "애들이 닭백숙 말고 치킨 먹고 싶대."

나는 알았다고 하고 치킨집으로 예약전화를 걸었다. 그렇게 저녁 식사 일정이 바뀌고 우리 가족은 치킨을 맛있게 먹고 있었다. 그때 전화 한 통이 걸려왔다. "손님, 닭 다 나왔는데 안 오시나요?" 순간 닭백숙집 예약취소를 하지 않았다는 것에 너무 놀랐다. "어머나! 어머나 죄송해요! 예약취소 부탁드릴게요! 그리…" 내 말이 채 다 끝나기도 전에 식당 주인은 나에게 소리를 질러댔다. "지금 예약취소라니예! 안됩니더! 이거 닭 나온 거 어쩔끼라예! 지금 취소 안됩니더!" 나도 덩달아 감정이 격해지지 않게 마음을 가다듬고 다시 말했다. "네. 제가 예약을 해 놓고서 잊었어요. 죄송해요. 그러…" 식당 주인은 또 내 말을 가로채고 소리를 질렀다. "아 지금 예약취소 안 된다니까요!"

위와 같은 상황에서 예전의 나였다면 같이 소리 질렀을 것이다. 물론 내가 잘못한 것을 알면서도 말이다. "왜 사람 말을 끝까지 안 듣고 자꾸 소리 질러요? 내가 음식값 계좌로 부쳐주면 되지 날 언제 봤다고 자꾸 소리를 꽥꽥 질러요!" 했을 것이다.

"네. 알겠어요. 제가 예약해놓고 잊은 거 사과드립니다. 명백한 제 실수니까 음식값은 지금 바로 계좌로 부쳐 드릴게요. 그런데 사장님. 싸우자고 통화하는 거 아니잖아요. 말로 해결하면 될 걸 왜 그렇게 소리를 지르십니까."

"아니! 내 말투가 원래 이렇심더! 다른 손님들도 내보고 말투가 왜 그렇게 화내는 것 같냐고 그랍니더! 나는 원래 이렇심더!"

나는 더 이상 말을 이어가지 않았다. 물론 경상도 특유의 날카로운 말투를 모르는 것이 아니다. 하지만 아무리 심한 사투리라도 화를 내는 것과 안 내는 것은 구분된다. 전화를 끊고 테이블로 갔다. 남편이 무슨 전화냐고 물었다. 내 이야기를 들은 남편은 현명하게 잘 대처했다며 다시 맛있는 치킨을 먹으라 했다. 치킨을 먹으려고 하는데 기분이 이상했다. 정말 어려울 것 같았던 감정조절이 가능해졌다는 사실 때문인 건지 기분이 오묘했다. 외부에서 들어오는 부정적인 목소리와 말투에도 이렇게 대처하면 된다는 것을 알게 됐다. 그리고 내 잘못과 실수에 대해 인정할 수 있는 사람이 됐구나 싶었다. 더 이상 이러한 상황에서 그놈의 '탓'을 안 하는 사람이 됐다고 생각했다.

스피치 수업의 또 하나 중요한 요소가 있다. 바로 '자기조절'이다. 스피치할 때의 자기조절에도 여러 가지가 있다. 목소리 크기, 뚜렷한 발음, 내용에 맞는 적절한 표정, 단어와 맥락에 맞는 제스처 등이 있다. 그리고 가장 큰 자기조절은 바로 '긴장감 조절'이다. 누구나 청중 앞에서 말하려고 하면 긴장된다. 그것이 온몸으로 티가 나는 사람이 있고 전혀 티가 나지 않는 사람도 있다. 티가 난다고 해서 잘 못하는 것이 아니다. '내가 100만큼 긴장되는 것을 적어도 10 정도는 줄여보자.' 식으로 점점 줄여나가는 것이다. 그리고 스피치를 반복할수록 실제로 처음의 100이었던 긴장감은 점점 줄어들게 된다. 나도 처음에는 긴장이 많이 됐다. 그것이 스피치 초반에 약간의 목소리 떨림과

숨이 참으로 느껴졌다. 그래서 스피치 전 혼자 중얼거렸다. '이 번에는 목소리 떨림에 집중해서 조절해보자.', '이번에는 스피치 중반부의 긴장감 정도를 미리 떠올려보자.' 식으로 긴장감에 대한 나름의 자기조절을 시도하였다. 긴장감 조절에 곧바로 성 공하지 못할 수도 있다. 스피치의 횟수가 거듭될수록 조금씩 좋 아질 수도 있고 실패경험을 할 수도 있다. 그러나 앞에서 거듭 강조했다시피 실패한 것에 초점을 두지 않고 성공 경험에 초점 을 둬야 한다. 그렇게 스피치 경험을 계속 쌓다 보면 어느새 긴 장감 조절이 가능하게 된다. 긴장감 조절에 시간 투자를 꽤 해 야 하는 것처럼, 사람의 감정조절이라는 것도 금방 되진 않는 다. 엄마들은 아이에게 화내지 않고 감정조절을 잘하는 엄마를 보면 정말 대단하다고 느낀다. 나 또한 그랬다. 도무지 감정조 절을 어떻게 해야 하는 건지 몰랐다. 하지만 여러 번의 스피치 로 감정조절이 예전보다 훨씬 잘 된다.

말더듬 치료 프로그램에 착실히 잘 참여했던 중학생 S가 있 었다. 그러던 중 수업 시간 바로 직전에 S의 어머니에게서 메 시지가 왔다. "선생님. 오늘 S가 피곤한지 집에 오자마자 쉬고 싶다고 하네요. 오늘은 좀 쉬게 해야 할 것 같습니다." 나는 바 로 답했다. "네 어머니. 요즘 늦게까지 공부하느라 힘들었나 봐 요! 오늘은 편히 쉬도록 해주세요." 평소에 착실하게 프로그램 에 잘 따라줬던 아이라서 후에 보강 일정을 잡아야겠다고 생각했다. 그런데 보강 일정 잡기가 쉽지 않았다. 내 시간표는 꽉 채워져 있었다. 게다가 중학생이 수업 가능한 시간은 다른 사람들도 많이 원하는 황금시간대이기 때문이다. 보강 때문에 원래 시간에 약속돼있는 다른 사람을 비키게 할 수는 없다. 그래서 이런 경우에는 다음 달 수업 회차에 보강횟수를 이월해 수업료를 조정하기도 한다. 그래도 어떻게 해서든 보강 일정을 맞추려고 해봤지만, 도저히 가능한 시간이 없었다. 다른 사람이 S가 가능한 시간에 결석하지 않는 이상 불가능했다. 그래서 S의 어머니께 정중하게 보강하기가 쉽지 않을 것 같다고 말했다. 그랬더니 S의 어머니로부터 장문의 메시지가 여러 번 왔다. 학원을 많이 보내봤지만 이런 곳은 처음 봤다, 처음부터 보강해 줄 생각이 없었던 것 아니냐 등의 공격성 내용이었다. 그러더니 마지막은 말더듬 치료를 중단하겠다고 했다.

나는 S의 어머니가 메시지를 중단할 때까지 기다렸다. 그리고 스피치에서 다룬 '주제에서 벗어나지 않기'에 집중했다. 나는 S의 어머니가 메시지를 멈춘 후에 답했다. "어머니. S의 시간에 최대한 맞추려고 노력했으나 쉽지 않았습니다. 그리고 말더듬 치료 1회 남은 것은 환불 처리해 드리겠습니다. 또한, 당일 갑자기 결석하게 되는 것에 대해서는 보강, 수업료 환불 의무가 없다는 것을 학원에 많이 보내보셨으니 어머님도 잘 알고 계시리라 생각합니다. 하지만 지금까지 S가 잘 따라와 준 고마움의 표시로 생각해주셨으면 감사하겠습니다. 그나마 치료로 말하는 것이 많이 나아진 상태라 조금은 마음이 놓입니다. 앞으로 좋은 나날 계속되시길 바랍니다. 감사합니다." 그리고 S에게도 노파심에 메시지를 보냈다. "지금까지 성실히 잘 따라와 줘서 고마워. 앞으로도 말하기 힘들 때 언제든지 선생님에게 연락해. S는 똑똑하니까 앞으로 뭐든지 잘 이겨낼 수 있을 거야!" S에게 답이 왔다. "네. 선생님. 그동안 정말 감사했습니다!"

15년 동안 언어치료현장에 있으면서 이런 경우를 종종 봤다. 물론 99%가 좋은 분들이시지만 간혹 언어치료사의 마음을 아프게 하는 분들도 있다. 예전 기억을 떠올려보면 "오늘은 완전 하루를 망쳤어!", "왜 하필 나한테 이런 일이 일어난 거야?", "내가 일부러 보강 안 해주는 것도 아닌데 나한테 왜 이래?" 하고 며칠 동안을 억울하고 찜찜한 기분으로 보냈던 것 같다.

위의 두 상황에서 나는 '주제에서 벗어나지 않기'에 집중했다. 본론이나 결론을 낼 때 '그렇다면'이라는 말을 자주 사용한다. '그렇다면 우리는 어떻게 해야 할까요?', '그렇다면 이렇게 생각해보는 건 어떨까요?', '그렇다면 앞으로 어떤 방향으로 나아가야 할까요?' 하는 식으로 말이다. 『그저 피아노가 좋아서』의 저자 문아람은 이렇게 말한다. "우리가 흔히 사용하는 '그러나'라는 말은 그 앞에 내용과 반전되는 내용 다음에 온다. 이에 비해 '그렇다면'은 앞의 상황을 인정하되 다음 행동을 이어나가게 한다."

예약을 취소하지 않아 식당 주인에게 피해를 준 상황이다. 그렇다면 나의 잘못을 인정하고 그에 상응하는 보상을 하도록 한다. 아이의 보강 스케줄을 잡지 못한다는 사실에 화가 난 어머니가 수업 중단을 원한다면, 절차에 맞게 수업 종결을 하면 된다.

우리는 모두 특별한 존재이고 소중하며 그 모습은 아름답다. 하지만 자주 아름다움과는 반대되는 향을 풍기기도 한다. 그 차이는 무엇이 만들어낼까? 스피치 전 나는 아름다움과는 정반대의 냄새를 풍겼다. 늘 날이 서 있고 잘못을 인정하지 않았으며 '탓'을 했다. 하지만 스피치 후 내가 특별하고 소중한 존재임을 알게 됐다. 문제에 맞닿았을 때 감정에 사로잡히지 않고 자기조절이 가능하게 됐다. 이것이 바로 이미 아름다운 사람이 가진 '품격'이 아닐까? 우리 모두가 원래 가지고 있는 아름다움인 '품격'을 지키도록 하자. 품격을 잘 지켜 아름다운 나로서 향기를 풍기는 사람이 되자. 그것이야말로 나의 높은 가치를 지키는 길이다.

스피치로
당신의 가치를 높여라

"이렇게 일하는 건 너무 비효율적이야!" 남편이 근무 중 쉬는 시간에 나에게 전화를 걸어 말했다. 무슨 일인지 묻고 자초지종을 들었다. 이야기를 쏟아낸 후 남편은 "안 되겠어. 내가 직접 이야기를 제대로 해야겠어." 하고 통화를 끝냈다.

남편은 C사의 지게차 사원이었다. 가득 채워진 물류창고의 물품들을 지게차로 해당 구역에 맞게 옮기는 일을 한다. 그 당시 일하던 물류창고는 신규센터라서 체계가 잘 잡히기 전이었다. 남편의 이야기를 요약하자면 이렇다. 6명의 지게차 사원이 한 개의 팀이다. 상황에 맞게 같은 팀이 아닌 다른 직원이라 하더라도 눈에 보이면 A 구역에서 O 구역까지 물건을 가져와 달라고 하는 경우가 있다. 그러나 갖다 줄 사람이 없으면 지게

차 기사가 직접 왔다 갔다 해야 한다. 그러면 실제로 일하는 시간보다 각 구역을 왔다 갔다 하면서 버리게 되는 시간이 더 많게 된다. 게다가 같은 구역에 두 사람이 서로 모른 채로 갔다가 "에이" 하고 한 명은 그냥 돌아와야 하는 상황도 자주 발생했다. 그러니 6명이 아니면 일이 돌아가지 않는 상황이다. 자연스레 사원들이 연차 사용도 마음대로 하지 못했다. 6명이 모두 육체적인 에너지를 많이 소비했어도 재충전할 수가 없었다. 어느 누가 연차라도 쓰는 날이면 나머지 5명이나 4명의 업무가 너무 바빠지게 된다는 것을 모두가 잘 알고 있기 때문이다. 하지만 이 상황을 모두 생각만 하고 있고 아무도 상급자에게 의견을 제시하지 않았다. 그렇게 사원들은 하루하루 몸과 정신이 지쳐가고 있었다. 남편에게 전화가 다시 왔다. 상급자에게 말했더니 바로 의견이 수렴됐다며 다행이라 했다. 나도 정말 다행이라 했다. "역시 사람이 말을 해야 알지! 말 안 하면 모른다니까!"라며 생각만 하던 것을 실행에 옮긴 것에 대해 서로 칭찬했다. 어떻게 말했냐고 물었다.

"A부터 D, E부터 H, 이런 식으로 구역을 나눠서 한 구역 담당자를 정하는 것이 어떻겠습니까? 그렇게 되면 왔다 갔다 하는 시간도 단축되고 자기구역만 제대로 처리해도 충분히 전체가 잘 돌아갈 것입니다. 따라서 6명이 아닌 4명만 있어도 충분히 일 처리가 가능합니다. 4명으로 일 처리가 가능하게 되면 나머지 2명은 돌아가면서 휴무 신청을 해도 무리가 없습니다."

예전에 남편과 주고받았던 대화가 생각났다.

"휴, 드디어 내일 스피치 학원 첫 수업이다!"

"오! 축하! 그리고 나도 스피치는 좀 배웠지! 예전에 카드사에서 민원 업무 볼 때 말이야. 정해진 매뉴얼에 따라 고객한테 상담하는 연습도 다 했었거든."

"그게 무슨 스피치야? 내가 배우는 스피치는 그런 거 아니거든?"

"말하는 연습 하는 게 다 스피치에 포함되는 거지. 그럼 뭐가 스피친데?"

"아 몰라, 암튼 오빠가 말하는 거 그거는 내가 배우는 스피치랑 다른 거야."

"하하하! 아이고 또 우긴다, 우겨. 그럼 내가 신입 상담원들 교육시켰던 거는 스피치 맞아? 앞에 나가서 고객 응대하는 매뉴얼 강의하고 실전에서 어떻게 말하는지 말하는 거 보여주고 한 거는? 그거 다 목소리 강도, 목소리 톤, 발음 이런 것들 다 알려주는 건데?"

"아 모른다니까. 몰라, 몰라."

피식 웃음이 나왔다. 잘 모르면서 큰소리만 쳐댄 내가 부끄럽기도 하고 우스웠다. 그런 것을 다 받아주고 내가 하는 모든 일을 응원해 주는 남편에게 참 고맙다. 남편은 결혼 전에 신용카드회사에서 민원업무를 오랫동안 봤다. 계속해서 걸려오는 민원전화로 종일 말을 해야 하는 직업이었다. 그렇게 10년 동안 민원업무를 보고 신입사원들에게 교육까지 한 남편을 무시했다. 남편은 10년 동안 매일 스피치를 하던 사람이었다. 그것을 뒤늦게 깨달았다. 같이 저녁을 먹으면서 오늘 있었던 일에 관해 이야기했다.

"다들 생각만 하던 것을 내가 오늘 나서서 말하지 않았다면 어떻게 됐을까? 언젠가는 개선될 문제일 수도 있겠지만 개선될 때까지의 시간은 훨씬 길어졌을 거야. 비효율적인 낭비가 계속되는 거지. 하지만 내가 말함으로써 훨씬 더 효율적인 시스템으로 바뀌었어. 그래서 빠르게 안정화가 될 수 있었던 것 같아."

"응. 맞아. 다른 사원들의 반응은 어때?"

"완전 좋아하지!"

"진짜 잘됐네!"

"나 진짜 잘했지? 그런 의미에서 이번 주말은 연차를 쓰고 낚시를 다녀오겠소. 부인."

남편은 이 일로 다른 사원들과 상급자에게 좋은 평가를 받았다. 그리고 나 또한 남편으로서의 가치를 더 높게 여기게 됐다. 남편은 자신이 가지고 있던 높은 가치를 내보인 것이다. 생각만 하고 말하지 않으면 나의 높은 가치를 내보일 수 없다. 아무리 나의 가치가 높더라도 말로 표현하지 않으면 알 길이 없다. 이제는 '묵묵히 자기 일을 열심히 하는 사람'이 좋은 평가를 받을 수 있는 시대가 아니다. 자신의 높은 가치를 표현해서 보여주어야 한다. 그래야 나의 높은 가치를 다른 사람들이 알 수 있다.

"T야! 너 정말 잘한다! 진짜 많이 좋아졌어! 선생님 소름 돋았어!"

내가 가르치는 초등학생 고학년인 한 아이가 있다. 발성과 복식 호흡, 전체적인 자세, 끊어 읽기, 강조할 부분 등 모두가 일취월장했다. 스피치를 배우고 난 후 개선된 부분이 많아 정말 대단했다. 아이와 나는 영상을 보며 같이 피드백했다. 영상을 같이 보는 내내 나의 칭찬이 멈추지 않았다. 그런데 아이는 분명히 뿌듯하고 좋은데 표현을 하지 않았다. 아니, 표현을 못 한다고 하는 게 더 맞겠다. 평소에 스피치 반 친구들 사이에서 분위기 메이커 역할을 톡톡히 하는 친구라 더욱 매치가 되지 않았다. '아! 칭찬받았을 때 어떻게 반응해야 하는지 잘 모르는 건가?'라는 생각이 들었다.

"T! 이럴 때는 기분 조~~~타! 해도 되고, 그것도 어색하면 감사합니다. 한마디 하면 돼!"라고 말했더니 T는 그제서야 수줍은 듯이 "감사합니다."라고 대답했다. 아마도 고학년이 되면서 남자아이 특유의 과묵함이 생겼을 수도 있다. 그리고 칭찬받는 상황 자체가 고학년 남자아이가 느끼기에 쑥스러울 수 있다. 하지만 기쁠 때는 기쁘다고 표현하는 것에 브레이크가 걸리는 것 같아 마음이 편치 않았다.

T와의 경험으로 다음 스피치 강의 때 아이들과 인사말 연습에 들어갔다. 그리고 감정표현 낱말을 사용해 문장을 만든 후 그것을 큰 소리로 말하는 연습을 했다. 토론주제와 관련한 긴 글을 읽고 주제에 맞게 스피치하는 것은 중요하다. 하지만 그것만큼 중요한 게 또 있다. 내 감정표현을 자신 있게 하는 것과 적절한 상황에 적절한 인사말을 잘 건네는 것이다.

안녕하세요.   잘 먹겠습니다.   잘 먹었습니다.   사랑합니다.
감사합니다.   오랜만입니다.   안녕히 계세요.   즐거운 하루 되세요.

스피치 실력이 늘어가니 기분이 정말 좋습니다.
친구들과 함께 밥을 먹으니 정말 꿀맛입니다.
당신의 모든 일을 축복합니다.
스피치를 배우기 전에는 많이 긴장했지만, 이제는 긴장하지 않고 스피치를 잘합니다.

인사말 중에서 특히 '사랑합니다.'를 외칠 때 아이들의 반응은 제각각이다. 피식 웃으면서 따라 하는 아이, 무표정으로 따라 하는 아이, 자연스레 잘 따라 하는 아이 모두 다르다. 하지만 어떠한 어색한 인사말이나 문장도 자연스럽게 표현할 수 있게 지

도할 것이다. 내가 가르치는 모든 아이는 다 가능하다.

'풀잎마다 천사가 있어 날마다 속삭인다. 자라라. 자라라.'라는 탈무드의 구절이 있다. 이 구절에 대해 『네가 어떤 삶을 살든 나는 너를 응원할 것이다』의 저자 공지영은 이렇게 말한다. "그 천사들은 풀잎 하나마다, 나뭇잎 하나마다 이렇게 말할지도 몰라. 지금 당신을 흔드는 바람. 지금 당신을 적시는 빗물, 지금 당신을 목마르게 하는 뜨거운 햇살은 다 당신을 자라게 하는 우주의 신비한 계획 중의 하나랍니다. 두려워하지 말고 힘을 내세요. 우리가 당신을 응원할게요!"

세상에나, 풀잎 하나하나까지 천사가 있어 우리 아이들에게 날마다 속삭인단다. 신은 아이가 얼마나 가치가 높은 존재이기에 풀잎 하나하나까지 천사를 두어 속삭이게 하는 걸까? 아이 스스로 풀잎 하나하나에 있는 천사들이 나를 위해 속삭여주는 고귀한 존재라는 걸 알게 하자. 때론 빗물이 자신을 적셔도, 뜨거운 햇살이 자신을 목마르게 해도 그것을 견뎌낼 수 있는 충분한 힘을 가진 존재라는 것을 알게 하자.

스피치로 나의 인생뿐만이 아닌 아이의 인생도 바꾸는 기적을 경험하게 될 것이다.

3장

어디서나 통하는
기적의 스피치
노하우

01

스피치는
타고나는 것이 아니다

"안녕하세요. KIBS TV 방송부 아나운서, 최현혜입니다."

고등학교 3년 동안 수만 번을 했던 인사말이다. 모교인 경일여자고등학교는 TV 방송부, 라디오 방송부가 따로 있었다. 우리 TV 방송부원들은 졸업한 선배와 재학생들의 자부심이 대단하다. 왜냐하면, 라디오 방송부에 없는 교내 텔레비전 방송과 카메라, 영상 엔지니어가 있었기 때문이다. 그리고 매년 치러지는 학교축제 TV 방송제의 영상은 우리에게 너무나 큰 의미를 가졌다. 방송제에 내보낼 영상을 만들기 위해 직접 체험은 기본이고 편집도 직접 한다. 영상에 맞는 원고도 카메라맨과 아나운서가 직접 작성하고 다듬는다. 각자 맡은 파트에서 엄청난 심혈을 기울였다. 처음 1학년에 입학했을 때 친구 따라 오디션을 봤는데 친구는 불합격이고 나는 합격이었다. 옛날 연예인들의 "친구 따라갔다가 캐스팅됐어요."의 상황이다. '1차 오디션이라 합격한 친구들이 많은 거겠지.' 했는데 웬걸? 7차 오디션까지 올라갔다. 그러다 최종합격을 했다. 좀 얼떨떨한 기분이기는 했지만 좋았다. 며칠 후 선배들이 파트를 정해야 한다고 했다. 무슨 이유인지는 몰라도 나는 무조건 아나운서가 하고 싶었다. 카메라, 영상 엔지니어, 음향 엔지니어의 파트가 있었지만, 기계를 만지는 나를 생각지도 않았다. 하지만 아나운서를 원하는 다른 방송부원도 있었기 때문에 쉽지 않은 경쟁이었다. 그래서 대본 읽기를 연습한 후, 실력을 비교해 결정하기로 했다. 매 쉬는 시간마다 아나운서 선배를 찾아가 원고 읽는 법을 배웠다. 선배의 교실로 올라가 복도에서 누가 쳐다보든지 말든지 원고 읽기를 점검받았다. 며칠 후 있게 된 파트결정의 날에 결국 내가 아나운서를 맡게 됐다. 그날의 '경일여자고등학교 TV 방송부 아나운서'로서의 출발로 내 인생에 새로운 불이 켜졌다.

일주일에 한 번 있는 교내 TV 방송을 위해 매일 원고를 보며 연습했다. 그리고 TV 방송으로 학교행사가 진행될 때도 활동했다. 방송이 있는 날이면 친구들이 말했다. "오늘 TV에 너 나와? 오늘 방송하는 날이지? 우리 반 TV 내가 켤게!" 제 발로 찾아갔던 방송부 오디션은 아니었지만, 나중에는 이런 생각이 들었다. '방송부 안 했으면 진짜 후회할 뻔했다. 너무 재미있다.' 나는 지금도 선배들, 후배들과 모임을 한다. 우리는 서로를 위해주고 그때의 여고 시절에 대한 똑같은 내용의 대화를 수백 번 한다. 하지만 항상 처음 꺼내는 말 같고 방송부로 인한 우리의 인연을 정말 소중하게 여긴다.

첫째가 초등학교에 입학한 지 얼마 되지 않았을 때다. 학부모 도우미를 우연히 하게 됐다. 여러 가지 맡은 일 중에 '학부모를 위한 역량 강화' 세미나의 사회자 역할이 있었다. '오! 내가 제일 잘하는 건데?'라고 생각하면서 그날 원고를 받고 사회를 봤다. 세미나가 끝나고 알고 지냈던 첫째의 친구 엄마가 다가와 말했다.

"뭐야? 자기 완전 아나운서 같더라! 옛날에 이런 거 뭐 했었어?"

"칭찬 감사요! 저 고등학교 때 교내 방송부 아나운서 했었어요. 오랜만에 해서 떨렸는데 티 안 났죠?"

"어쩐지! 완전 다르더라! 나 완전 소름 돋았잖아! 자기랑 아나운서랑 완전 잘 어울린다!"

아나운서가 되고 싶었다. 하지만 아나운서가 되기 위한 진로 상담을 제대로 받은 적이 없었다. 그렇다고 고등학교 3학년 때 담임 선생님을 원망하지는 않는다. 그저 성적대로 대학교를 들여보내는 식의 입시제도에서 뾰족한 방법은 없단 걸 알았기 때문이다. 대구 계명대학교의 신문방송학과에 지원해볼까도 했지만, 수능점수 커트라인이 꽤 높았다. 성적이 별로 좋지 않았던 나는 다른 방법을 몰라 포기할 수밖에 없었다. 그 후 성우 아카데미에 다녀볼까도 싶었다. 방송제 준비로 그 당시 인기 있었던 개그콘서트의 희극인들, 순풍산부인과 배우들의 목소리를 더빙해 본 적이 있었다. '사람의 목에서 어찌 이렇게 다른 소리가 나올 수 있을까?'라는 생각에 매력을 느꼈었다. 지금은 대구에도 성우 아카데미가 있지만, 예전에는 없었다. 성우의 꿈을 이루기 위해서는 서울로 가야만 하는 상황이었다. 우리 집 형편을 생각해서는 말을 꺼낼 수 없는 요구였다. 부모님이 늘 맞벌이를 하셨기 때문에 찢어지게 가난하게 살진 않았다. 하지만 서울로 유학까지 보내며 뒷바라지할 수 있을 정도는 아니라는 걸 잘 알았기 때문이다.

이런 아쉬움 때문이었을까? 나는 독서 중에 꼭 낭독하는 시간을 가졌다. 혼자만의 독서시간 중 낭독하는 내 목소리를 들으면 꼭 내가 아나운서나 성우가 된 것 같았다. 아이들에게 책을 읽어줄 때도 해설 부분은 해설답게, 여우는 여우답게, 토끼는 토끼답게 읽었다. 동화를 읽는 나를 아이들은 초롱초롱한 눈으로 바라봤다. 때로는 우스꽝스러운 내 목소리를 듣고 아이들이 까르르 까르르 크게 웃었다. 꾸준한 낭독과 아이들 책 읽어주기는 내 스피치 실력 증진에 많은 도움이 됐다.

지인이 나에게 "나도 스피치 배워볼까?"라고 물었다. "좋지! 완전 추천!"이라고 대답했다. 그러자 "에이, 자기는 원래 잘하던 사람이잖아."라고 했다. "아니야, 나도 고등학교 때 3년 내내 매일 원고 읽는 연습을 해서 잘하게 된 거야. 내 스피치 연습은 얼마 전이 아니라 따지고 보면 고1 때부터 시작된 거지."라고 말하자 지인이 대답했다. "그러니까 말이야. 자기는 어렸을 때부터 이미 일찍 시작했으니까. 나는 지금 시작해서 언제 자기처럼 되냐?"

'내가 생각하는 스피치의 관점과 다른 사람이 생각하는 스피치의 관점이 이렇게나 다르구나!'를 깨닫게 됐다. 사람은 어떠한 일을 시작하면서 목표치를 정하게 된다. 나의 목표는 '스피치로 선한 영향력 끼치기'다. 사람들 앞에 나가서 말하는 것이 절대 불가능할 것 같은데 나와 같은 목표를 가졌다면! 좋다. 내가 백번 양보해서 스피치를 시작함에 좀 더 고민하도록 기다려 주겠다. 하지만 스피치를 꼭 일찍부터 시작하지 않아서 불가능하다고 생각한다면 다른 일에 대한 도전은 어떻게 설명하겠는가?

『연금술사』의 저자 파울로 코엘료는 인생의 고초를 오랫동안 겪었다. 어릴 때는 가정불화로 정신병원에 입원도 했다. 브라질 정부를 전복시키려는 활동에 가담했다는 혐의로 옥살이와 고문을 받기도 했다. 록밴드 활동을 하던 중 마흔을 앞둔 나이에 산

티아고 순례길을 따라 걸은 경험으로『순례여행』을 처음 출간했다. 인간 내면에 대한 깊은 탐구가 담긴 그의 책은 세계적 베스트셀러가 됐다. 그리고 세계적인 웨딩드레스 브랜드 디자이너 베라 왕은 마흔이 넘어서 디자이너로 활동했다. 늦은 나이에 결혼을 준비하면서 원하는 드레스를 찾지 못하자 직접 드레스를 디자인했다. 그것이 유명 스타들에게 사랑받으며 전 세계적인 웨딩드레스 브랜드가 됐다. 또한, 전 세계적인 패스트푸드 KFC의 창업주 할랜드 샌더스는 6살에 아버지를 여의고 동생을 책임졌다. 몸 쓰는 직업은 거의 다 해봤다고 한다. 겨우 마흔이 넘어서 작은 식당을 차렸지만, 화재로 잃었다. 정신병으로 아내도 떠나게 된다. 사회보장기금으로 받은 전 재산 105달러로 낡은 트럭을 샀다. 그리고는 자신의 요리 비법을 팔러 미국 내 레스토랑을 돌아다녔다. 그는 레스토랑과의 첫 계약 전 무려 1,008회나 거절당했다. 그리고 68세가 됐을 때 KFC 1호 매장을 열었다. "훌륭한 생각을 하는 사람은 많지만, 행동으로 옮기는 사람은 드물다. 나는 65세가 넘도록 포기하지 않았다. 대신 무언가를 할 때마다 그 경험에서 배우고 다음번에는 더 잘할 수 있는 방법을 찾아냈다."라고 한 할랜드 샌더스의 말은 '나는 이미 늦었어.'라는 생각을 더 이상 할 수 없게 한다.

나는 고등학교 3년 동안 매일 원고를 읽었다. 3년이면 1,095일이다. 그리고 졸업한 후에도 혼자만의 독서시간에 늘 낭독했다. 그 또한 18년째다. 아이들이 태어나고는 동화책을 직접 읽어줬다. 이것도 11년이다. (막내가 현재 7살이다. 한글을 아직 다 모르니 읽어준다.)

나의 스피치 실력은 타고난 것이 아니다. 고등학교 3년 동안 매일 원고를 읽었고 18년째 낭독과 동화책 읽어주기를 꾸준하게 했고 본격적으로 스피치를 배우기까지 했다. 요즘 스피치 수업은 커리큘럼이 아주 좋다. 나는 20년 가까이 오로지 경험으로만 깨우친 걸 한 달 만에도 가능하다. 심지어 하루 만에도 가능하다. 정말 놀라지 않을 수가 없다. 스피치는 타고나는 것이 아니다. 배우면 가능하다.

먼저 긍정적인
자아 이미지를 그려라

나의 자아 이미지를 그려본 적 있는가?

스피치를 배우기 전 친구와 미술 상담 공부를 같이 한 적이 있었다. 대학교 3, 4학년은 언어치료사로 일하면서 사이버대학에서 상담심리로 학사학위를 받았다. 그때 배운 상담 심리학은 나에게 많은 도움이 됐다. 인간의 성격은 언제 어떤 영향으로 형성되는지 알게 됐으며 여러 가지 철학적인 의미로도 많은 깨달음이 있었다. 상담 심리학 공부를 같이 시작했던 룸메이트는 그때의 공부로 언어치료사에서 상담심리사로 직업도 바꿨다. 나는 직업을 바꾸지는 않았지만, 상담 심리학은 인간으로서 꼭 한 번쯤은 배워야 할 학문이라는 생각을 했다. 15년 동안의 언어치료사로서의 활동은 나에게 여러 가지 배움을 줬다. 그중 언어치료와 상담심리는 뗄 수 없는 관계라는 것을 알게 된 것이 아주 큰 배움이었다. 그래서 언어치료 대상자에게 조금 더 질 높은 서비스를 제공하고자 미술 상담 공부를 다시 시작했다. 그렇게 시작한 미술 상담 공부는 오히려 나를 직면하고 치유되는 기회가 됐다.

미술 심리에서 기본이 되는 검사 중 하나인 나무 그림이다.

〈스피치를 배우기 전〉

1. 가장 먼저 그린 것은 바로 땅의 안정선. 안정선을 그어놓음으로써 마음의 안정을 얻으려고 하는 심리가 드러남. 현재의 불안한 심리가 반영됨.

2. 정중앙으로 올곧은 나무 기둥과 여러 방향으로 뻗은 나뭇가지. 자존심이 세고 상승하고자 하는 의욕이 강함.
3. 스케치북에 다 담지 못할 정도의 풍성한 나뭇잎. 내면의 에너지가 굉장히 높음
4. 나무 기둥 가장자리의 가장 큰 나이테. 현재 상태의 상처받은 내면을 나타냄.

첫째 아이를 띠로 메고 친구의 도움으로 상담받았을 때도 그랬다. 늘 무언가를 이루고자 하는 욕구가 강하다고 나왔다. 여러 체크리스트 항목에 답변한 검사에 대한 결과보고는 그리 크게 와 닿지는 않았다. 하지만 내 마음속 상태가 이렇게 그림으로 정확하게 표현된다는 것은 정말 크게 와닿았다. '시각화'의 중요성을 다시 한번 느낀다. 한의원장에 대한 미움과 분노, 전 직장 동료와 맞지 않은 이해관계로 인해 겪은 서러움, 주위 사람들의 대한 부러움에서 오는 후회, 언어발달센터 오픈으로 인한 기대감과 부담감, 코로나로 센터 운영에 대한 불안감 등이 나무 그림으로 잘 나타났다. 이 나무는 바로 그때 나의 자아 이미지였을 것이다. 『책은 미래다』의 저자 금주은은 이렇게 말한다. "끊임없이 마음이 허전하다면 자신의 어제와 오늘을 다르게 해주는 무엇인가를 찾아야 한다. 주어진 여건 안에서 열심히 최선을 다하는 것은 당연한 일이다. 그러므로 '그 무언가'를 찾는 일이 더욱 중요한 것이다."

나는 예전부터 무언가를 배우는 것을 좋아했다. 결혼 전 배웠던 수어도 기초반에서 끝난 것이 아쉬워 결혼 후에 중급 수료를 마저 마쳤다. 초등 방과 후 수학 지도사 과정과 캘리그라피를 배워보기도 했었다. 하지만 이러한 것들은 그저 내가 할 줄 아는 것을 하나 더 늘릴 뿐이었다. 배움을 끝으로 더 이상의 것을 기대할 수 없었다. 물론 배움의 시간이 결코 헛되었다는 말은 절대 아니다. 배움 속에서 유익했던 부분을 지금도 잘 활용하고 있다. 그러나 이러한 배움 속에서도 나는 항상 마음이 허전했다. 어제와 오늘의 나를 획기적으로 다르게 해주는 무엇인가를 끊임없이 찾아다녔다. 주어진 내 환경 안에서 늘 최선 다해 열심히 살았다. 하지만 그것은 당연하다. 나는 채워지지 않는 갈증을 채우고 싶었다. 그러던 중 미술 상담으로 나의 자아 이미지를 파악하게 됐다. 그리고 다짐했다. "나의 자아 이미지를 바꾸자."

『생각의 법칙』의 저자 맥스웰 몰츠는 자아 이미지에 대해 이렇게 말한다. "자아 이미지는 우리의 전체적인 인격과 행동, 심지어는 환경을 형성하는 전제이자 기초이며 우리 삶의 밑바탕이다. 그 결과 우리의 경험은 자아 이미지를 증명하고 이를 강화하여 악순환이 계속되거나 좋은 일만 계속 생기게 되는 것이다."

좋은 일이 계속 생기는 사람이 있는 반면에 안 좋은 일이 계속 생기는 사람도 있다. 이것은 '자아 이미지'와 깊은 연관이 있다. 부정적인 자아 이미지를 갖고 있으면 이미 실패한 결과를 생각하고 있다. 어떤 노력을 하더라도 진정한 노력이 아닐 수 있다. 그것이 실패를 합리화하기 위해 핑계를 만들게 하는 행동일 수 있다. 반대로 긍정적인 자아 이미지를 갖고 있으면 더 나은 삶을 살기 위해 방법을 끊임없이 찾게 된다. 진정으로 원하는 삶, 합리적으로 만족하는 삶을 살기 위해서 적절하고 진실한 자아 이미지를 형성한다. '그런데 어떻게 긍정적인 자아 이미지로 바꾸지?' 풀어야 할 숙제가 하나 더 늘어난 것 같은 기분이었다. 하지만 금방 그 숙제를 풀었다. 내가 잘하는 것 중에 계속해서 '그 무언가를 찾는 것'을 실행했다.

그렇게 해서 찾은 것이 바로 스피치다. 스피치를 배울수록 나의 자아 이미지는 긍정적으로 바뀌었다. 늘 건설적이고 희망적인 주제에 초점을 두니 긍정적인 것에 집중하게 됐다. 그리고 수업이 있는 날이면 특별히 차림새에 신경 쓴 나를 보게 됐다. 그렇게 스피치는 나의 어제와 오늘을 다르게 해줬다. 현재의 자아 이미지를 시각화시켜줬다. 그래서 예전의 자아 이미지와 지금의 자아 이미지가 확 바뀌었다. 드디어 '그 무언가'를 찾았다. '왜 나에게는 자꾸 불행이 닥치지?'에 대한 의문이 스피치를 배우고 나서 풀렸다. 나의 부정적 자아 이미지가 부정적인 일들을 낳게 된 것이다.

　스피치를 배운 후 나의 나무 그림이다. 여전히 땅의 안정선을 그린 것을 보니 나는 안정선이 꼭 필요한 사람인가보다. 안정선이 있어야 편안함을 느끼는 사람이다. 그리고 이제는 여러 그루의 나무가 보인다. 이루고 싶은 목표들이 많이 생겨났음이 반영된 것 같다. 적당하게 눈으로 다 들어오는 나무들이 보인다. 내가 계획한 목표들은 이룰 가능성이 큰 것으로 여긴다고 해석할 수 있다. 눈에 띄게 보이는 나이테들은 이미 받은 상처들에 대한 표현이라 없어지지는 않을 것 같다.

　스피치를 잘하고 싶은가? 그렇다면 먼저 자아 이미지를 그려보자. 꼭 나무의 형태가 아니어도 좋다. 간단하게 종이에 연필로 내 얼굴을 그린 후 나와 관련된 단어들을 얼굴 옆에 막 적어 봐도 좋다. 더 쉽게 자아 이미지를 그려보고 싶다면 한때 유행했던 '뇌 구조'를 이용해도 좋다. 내 얼굴을 그리고 뇌에 해당하는 부분에 나와 관련된 단어들을 생각나는 대로 적으면 된다.

나의 자아 이미지는 확실히 바뀌었다. '그 무언가'를 찾기 위해 노력했으나 부정적인 자아 이미지로 인해 찾는 데에 오랜 시간이 걸렸다. 하지만 스피치를 배운 후 늘 긍정적인 것에 초점을 둠으로써 자아 이미지도 긍정적으로 변했다. 긍정적인 자아 이미지로 바뀐 후 일이 술술 잘 풀린다. 이렇게 책까지 쓰고 있다. 스피치로 인한 긍정적인 자아 이미지가 기적 같은 일을 낳았다. 어디서나 통하는 기적의 스피치 노하우! 그 첫 번째는 바로 '먼저 긍정적인 자아 이미지를 그려라!'이다.

* 미술검사(투사검사)는 전문가마다 해석이 다를 수 있으며 의뢰자의 경험과 환경을 토대로 해석이 달라질 수 있습니다.

나다움의 가치를 인정할 때
스피치는 향상된다

'내가 진짜 잘하는 거 맞나?'

스피치 수업을 받기 시작하고 얼마 지나지 않아 이런 생각이 들었다. 또다시 나에 대한 확신이 줄어들기 시작했다. 부정적 자아 이미지의 영향으로 낮은 자존감의 의식이 스멀스멀 올라오려 했다. 스피치를 준비하는 과정은 스피치하는 내 모습을 상상하게 한다. 그 상상 속에서 내 스피치를 보고 듣는 사람들의 생각을 추측했다. '그렇게 잘하는 것도 아닌데 되게 잘난 척하네.'라고 생각할 것만 같았다. 특히 공태영 원장은 현직 방송인이라 '주변에 잘하는 사람이 얼마나 많겠어? 괜히 내가 잘난 척한다는 인상을 주면 어쩌지?'라는 괜한 생각도 들었다. 그런 마음이 조금씩 들수록 내가 준비한 프레젠테이션 디자인도 마음에 들지 않았다. 디자인을 이리 바꾸고 저리 바꿔도 거머리처럼 붙은 부정적인 의식은 만족스러운 결과물을 내지 못했다. 스피치 수업은 하루하루 다가오는데 이런 마음으로는 도저히 발표할 수 없을 것 같았다. 마음을 잡기 위해 초점을 제대로 맞추려고 노력했다.

그러던 중 오랜만에 연락 온 사람에게서 뜻밖의 힘을 얻었다. "선생님! 잘 지내세요? 저 요즘 복직해서 일하는데 내일 마침 휴무예요. 혹시 선생님 센터에 방문해도 될까요?" 예전 직장에서 나에게 언어치료를 받던 아동 P의 어머니였다. 예전 직장과는 5년 전에 인연이 끝났음에도 P의 어머니는 나에게 종종 안부 연락을 했다. 비슷한 또래의 아이를 키웠고 서로 사생활에 관한 얕은 이야기도 나눌 만큼 친분이 두터웠다. 나는 바로 답을 했다. "네 어머니! 오랜만이에요! 내일 센터로 오세요! 뵙고 싶어요!" 다음날 P의 어머니는 훌쩍 자란 P를 데리고 센터에 왔다. 훌쩍 큰 P를 보니 감회가 새롭고 정말 반가웠다. 이런저런 이야기를 나누다가 P의 어머니가 이런 말을 했다.

"선생님. 저 예전에 P가 선생님께 언어치료를 받을 때 생각하면 진짜 눈물 나요. 하필 왜 내 아이가 자폐로 태어난 걸까? 이런 생각에 사로잡혀 돈을 엄청나게 쏟아부어 가면서 이것저것 다 시켰었는데 지금 생각해보면 부질없었다 싶기도 하고 또 어떨 때는 그렇게라도 했으니 지금 P가 이 정도로 지낼 수 있는 건가? 싶어요. 아직도 정답은 뭔지 모르겠어요."

그러고는 계속 말을 이어갔다. "그런데 선생님. 다른 건 돈이 아깝다고 생각한 적 있는데 선생님이랑 했던 언어치료는 돈 아깝다는 생각이 한 번도 안 든 거 있죠?" 이 말을 듣고는 가슴이 벅차올랐다. P의 어머니는 나의 센터 개원 소식을 듣고 예쁜 화환을 보내주신 분이기도 하다.

생각해보면 P의 어머님과 같은 고마운 분들이 또 있다. 퇴사 사실을 알리자 나의 다음 직장으로 따라가겠다며 꼭 다시 연락 달라고 하신 어머니들도 많았다. 그리고 아예 집으로 와서 아이의 언어치료를 이어달라고 홈티를 부탁하신 분들도 있었다. 실제로 홈티로 이어져 6년째 수업을 이어가고 있는 아이도 있다. 그리고 또 언어치료종결을 앞둔 아이의 어머니는 이렇게 말했다. "진짜 감사해요, 선생님. 우리 아들이 3대 독자 외아들이라 처음에 언어치료를 받아야 한다는 말 들었을 때 진짜 하늘이 무너지는 것 같았거든요. 그런데 선생님이 이렇게 정상범위로 만들어주셔서 얼마나 다행이고 감사한 줄 몰라요. 말 느린 이유가 엄마인 나 때문이라는 생각 때문에 알게 모르게 그동안 시댁 눈치를 많이 봤어요. 그 서러웠던 시절은 말로 다 표현 못 해요. 그걸 선생님이 다 해소해 주셨어요. 정말 감사합니다."

'내가 요즘 무슨 생각을 하고 있었던 거지?'

나 스스로 내 가치를 깎아내리고 있었다. 이렇게 많은 분이 나의 가치를 인정해주고 있었다. 심지어 그것을 잊지 않고 기억해 주고 있다. 잊지 않고 기억하고 있다고 표현까지 해 준다. 다른 사람은 나의 높은 가치를 알고 있다. 그러나 정작 나 스스로 나의 가치를 깎아내리고 있었다. P의 어머니가 센터를 다녀간 뒤로 나의 가치를 다시 깨달았다. 그리고 과거에 나의 가치와 관련된 일들이 하나둘 떠올랐다.

"쿵쿵쿵! 최현혜 씨! 최현혜 씨! 최현혜 씨 안 계십니까? 최현혜 씨! 쿵쿵쿵쿵쿵!"

퇴근하자마자 아이들을 씻기느라 욕실에서 땀을 뻘뻘 흘리고 있을 때였다. 갑자기 낯선 남자가 문을 주먹으로 마구 두드리며 내 이름을 불러댔다. 남편은 퇴근 전이라 집에 여자만 넷 있는 상황이다. 그리고 어른은 나 혼자다. 첫째와 둘째는 놀란 눈으로 나를 쳐다봤다. 겨우 백일을 넘긴 셋째는 아무것도 모른 채 눈만 껌뻑였다. 그때 시간은 대략 밤 9시쯤이었다. 너무 놀라고 무서웠다. 이런 상황은 처음이라 어떻게 대처해야 할지 몰랐다. 그저 집에 아무도 없는 것처럼 해야 할 것 같았다. 첫째와 둘째를 보며 입술 앞에 검지를 세우고 '쉿…' 하고 눈치를 줬다. 그러자 그 남자는 한 번 더 "쿵쿵쿵! 최현혜 씨! 안 계십니까? 쿵쿵쿵!" 하고 문을 두드리며 소리쳤다. 그러고는 포기했는지 더 이상 문을 두드리지 않았다. 너무 무섭고 놀라서 심장이 터져버릴 것 같다는 표현으로는 부족할 정도다. 그날도 남편의 퇴근이 늦어지면서 혼자 겨우 잠을 청했다.

다음 날 아침이 됐다. 아이들을 어린이집에 보내기 위해 현관 문을 열었다. 어떤 남자가 내 이름을 불렀다. 목소리를 듣자마 자 '아! 어제 그 사람이구나!' 알아차렸다. 뒤를 돌아보니 처음 보는 남자가 나에게 말했다.

"K캐피탈 채무팀 Y입니다. 최현혜씨 맞죠? 캐피탈 연체금 63 만 원 왜 입금 안 하십니까?" 생활비가 부족해 200만 원을 가계 자금으로 대출받았다가 마저 갚지 못한 63만 원이 있었다. 이것 은 그 전에 담당자와 통화해 이번 달 급여를 받으면 전액 상환 하겠다고 이미 이야기가 된 것이었다. 급여 날짜와 상환 날짜를 맞춘 후였고 약속한 날짜의 이틀 전이었다. 이틀 후면 마지막 빚인 63만 원을 다 갚는다는 생각에 가슴을 쓸어내렸던 때다. 그런데 아침에 말을 건 그 남자로 나는 이성을 잃었다. 어젯밤 의 일도 있는 데다가 나는 지금 혼자고 옆에는 아이들이 있다. 순간 눈이 돌아서 제정신이 아니었다고 표현하면 딱 맞겠다.

"미친놈아! 내가 돈 안 준댔어? 담당자랑 이틀 후에 상환 날 짜 다 잡았는데 뭔 딴소리야!" 그 남자는 동그래진 눈으로 나를 쳐다봤다. 우리 집은 복도식 아파트라 앙칼진 내 목소리는 그야 말로 날카로운 칼이 되어 귀에 꽂혔다. 남자는 아무 말이 없었 다. 그 남자도 뭔가 착오가 있었다고 생각하는 것 같았다. "어 제 네가 문 두드리고 소리 질렀지? 어디 9시가 넘은 밤에 남의 집 문을 두드리고 이름을 불러? 그리고 지금 아침 9시도 안 됐 어! 어제오늘 법을 어긴 건 너야! 경찰 부르기 전에 꺼져! 63만

원짜리 집 돌아다니지 말고 600만 원짜리 집에나 가!" Y는 잠시 당황하는 것 같았다. 하지만 곧 새파랗게 젊은 여자가 소리를 질러대니 Y도 화가 올라와 나에게 으름장을 놨다. "알지도 못하면서 그런 말 하지 말고 63만 원 입금이나 해!" 나는 다시 소리 질렀다. "찾아오려면 너나 똑바로 알고 찾아와!"라고 하고는 바로 112에 전화를 걸었다. 경찰 두 명이 바로 달려왔다. 경찰 한 명은 나에게, 또 다른 한 명은 Y에게 자초지종을 들었다. 그때서야 복도에 한두 명씩 나와 얼굴을 내미는 이웃들이 내 눈에 들어왔다. 아침에 복도에서 쩌렁쩌렁 울렸던 내 목소리에 놀란 이웃들이 무슨 일인가 싶어 내다본 것이다.

창피하고 수치스럽고 화도 났다. 막장 드라마에서나 보는 무식한 아줌마의 표본이 된 것 같았다. 전에 있었던 한의원장의 갑작스러운 해고 통보로 사람에 대한 불신이 커졌고, 게다가 체력적으로 견디기 버거운 생활의 지속이었다. 결국, 나의 건강하지 못한 육체와 정신이 내 이성을 무너뜨렸다. 그것은 결국 나의 가치를 깎아내리는 결과를 낳았다.

스피치를 배운 후 나의 높은 가치를 발견했다. 한 번씩 나의 높은 가치를 깎아내리는 부정적 생각이 올라올 때도 있었다. 하지만 금세 긍정적인 관점으로 맞추려고 노력하였다. 만약 스피치를 배운 현재의 내가 Y를 만났다면 어떻게 대처했을까? 먼저 현관문에 대고 누구냐고 물어보고 소속을 듣고는 "시간이 늦었으니 내일 담당자와 따로 이야기하겠습니다."라고 차분히 말하고 돌려보냈을 것이다. 그리고 아침 상황에서도 자초지종을 차분히 설명했을 것이다. 그러고는 Y에게 내 담당자와 통화 연결을 시켜줬을 것이다. 그러면 큰 소리 없이 착오가 있었음이 확인됐을 것이고 "사람이 살다 보면 이럴 수도 있죠." 하며 서로 기분 상하는 일 없이 잘 마무리됐을 것이다. 그때의 Y도 누군가의 소중한 아빠이자 남편이었을 수도 있고 귀한 아들이다. Y도 그저 일을 열심히 했을 뿐이다.

다시 스피치 수업에 있을 발표에 집중했다. '나는 가치가 높은 사람이다. 예전처럼 스스로 내 가치를 깎아내리지 말자.' 다음 날 스피치 수업 후 공태원 원장과 수강생들은 나에게 서로 같은 내용의 피드백을 했다. "갈수록 프레젠테이션 디자인이 발전하고 있어요!" 그리고 한 수강생은 이렇게 말했다. "리틀 공태영이십니다!" 현직 방송인에게 비교해도 손색없을 만큼 스피치를 잘했다는 것보다 더 좋은 피드백이 어디 있으랴. 어디서나 통하는 기적의 스피치 노하우! 나다움의 가치를 인정할 때 스피치는 향상된다!

04

전달자가 되지 말고,
내 스토리를 더하라

"이제 독백단계로 넘어가겠습니다. 오늘 독백주제는 기억에 남는 영화나 책, 또는 드라마입니다."

말더듬 치료 프로그램에 참여하는 모든 사람에게 해당하는 활동이다. 세 가지 상황에서 나와 연습한 기법을 사용해서 더듬지 않고 스피치해야 한다. 세 가지 상황은 읽기, 독백(혼자 말하기), 대화이다. 학문적인 난이도로 따지면 읽기가 가장 쉽고 다음이 독백이다. 가장 어려운 단계는 대화 상황이다. 하지만 내 경험으로는 참여자들이 독백을 가장 어려워하는 것 같다. 하나의 주제에 대해 혼자 독백(이하 스피치라고 하겠다)하는 1분 정도의 시간은 생각보다 꽤 길다. 너무 어색하다고들 한다. 그리고 뭘 말해야 할지 모르겠다고 한다.

24살의 D는 사회초년생이다. 초등학생 때부터 조금씩 말을 더듬었지만 크게 불편함이 없었다고 했다. 하지만 사회생활을 시작하면서 여러 사람을 만나 말해야 하는 것이 매우 부담스럽다고 했다. 특히 직장상사 앞에서 업무보고와 관련된 대화를 하는 게 가장 어렵다고 했다. 3개월간의 언어치료로 더듬지 않고 말하는 것이 가능해졌다. 하지만 '어떠한 상황에서 어떠한 주제가 던져져도 더듬지 않기'를 위한 훈련은 더 필요했다.

"지금까지 본 영화 중 기억에 남는 것이 하나도 없어요?"
"제가 영화에는 관심이 없어서…"
"그럼 영화 아니더라도 가장 최근에 본 드라마나 책은요?"
"글쎄요. 선생님이 영화 제목 하나 말해주시면 안 돼요?"
"나는 너무 많은데!"

"D님! 어차피 내가 제목 말해줘 봤자 그건 D님 것이 아니에요. D님이 직접 겪은 스토리를 넣어야 진짜 이야기가 되는 거라고 했죠?" 그러자 곰곰이 생각하던 D가 번뜩 생각났다며 중국 드라마를 가장 최근에 봤다고 했다. "상견니요! 선생님 상견니 아세요?" 나는 옳다구나 하며 줄거리를 물었다. 그러자 D는 줄거리를 쭉 이야기했다. D의 이야기가 끝나고 내가 말했다. "그것 보세요. 저는 한마디도 안 하고 D님이 처음부터 끝까지 쭉 이야기했잖아요. 그게 바로 독백이에요. 스피치예요." 그러자

D는 그때서야 직접 겪은 자신의 스토리의 힘이 어떤 것인지 알 겠다며 흐뭇해했다. 나 또한 "바로 그렇게 하는 거예요! 잘했어 요!" 하며 힘을 실어줬다. 그다음 독백주제는 '여행'이었다. 내 가 먼저 여행에 관한 나의 경험으로 스피치했다. D의 차례가 됐 다. 올해 중국여행을 계획하고 있다고 했다. 중국드라마 '상견 니'를 보고 드라마와 관련된 장소를 투어하고 싶다고 했다. '여 행'이라는 주제는 단순히 가보고 싶은 나라 소개가 아니었다. D 는 개인적인 스토리를 넣어서 완벽하게 연결했다.

보통 '몰디브가 물속에 가라앉기 전에 가서 모히토 한잔해야 죠.'라고 한다든가 '진정한 나를 찾기 위해 떠나는 것이 여행이 라 생각합니다.' 정도에서 마무리되는 것을 자주 봤다. 개인적인 스토리를 연결 지어 듣는 사람의 기억 속에 오랫동안 남는 스피 치로는 이어지지 못하는 경우가 많았다. 하지만 D는 나와의 수 업이 거듭되면서 말더듬도 고치고 스피치 수준도 높아졌다.

나의 스피치 수업 공개발표 주제를 예로 들어보자. 수어, 워 킹 맘, 표준어에 대해 준비했다. 주제에 맞는 나의 스토리를 모 두 연결 지었다. 각 주제에 내가 직접 겪은 스토리를 넣었을 때 와 넣지 않았을 때가 확연하게 차이 난다.

	스토리가 없는 경우	스토리가 있는 경우
수어	· 청각장애인에 대한 인식을 높이기 위해 수어를 꼭 배워야 한다고 생각함. · 아이들에게도 장애인에 대한 바른 인식 교육이 필요하다고 생각함.	· 수어를 배우게 된 계기. (청각장애인 친구와 좀 더 원활한 의사소통을 위해서) · 실제로 수어를 배우니 청각장애인 친구와 원활한 의사소통이 가능해 짐. · 아이들에게도 자연스럽게 장애인에 대한 바른 인식 교육이 됨. · 청중들과 짧은 수어 배우기 시간 가짐. · 수어를 배워야 한다고 강조하지 않아도 자연스럽게 수어에 대해 가까워지게 한 결과를 낳음.
워킹맘	· 워킹 맘과 관련된 책이나 뉴스 기사 원고를 참고하여 준비. · 워킹 맘을 위한 제도적 변화의 필요성이 있다고 생각함. · 주위에 워킹 맘들을 보니 정말 힘들 것 같다고 생각함. · 모든 워킹 맘들을 위한 응원을 보냄.	· 나는 실제로 10년째 워킹 맘 생활을 하고 있음. · 워킹 맘은 쉽지 않다는 것을 알게 됨. · 아이 셋 동시에 폐렴으로 입원한 사진을 화면에 띄움. · 힘든 상황도 많았지만, 그것을 견뎌낸 지금은 예전보다 훨씬 더 발전한 내가 됐음. · 나와 아이들의 행복한 현재의 사진을 띄움. · 힘든 시간을 견뎌내면 분명 좋은 날이 온다는 것을 알게 됨. · 그러니 우리 모두 지금의 고난들을 잘 이겨내자는 메시지를 줌.

| 표준어 | · 아나운서나 배우들의 표준어 연습, 발음 연습과 관련한 노하우를 검색해서 자료를 만듦.
· 사투리 교정과 관련된 영상을 찾은 자료들을 토대로 준비.
· '사투리는 교정이 가능하다.'라는 결론을 내림. | · 나의 거주지는 경상도에서 벗어난 경험이 없음.
· '어색하고 부끄럽다.'라는 생각을 하지 않아야 효과가 있다는 것을 알게 됨.
· 모르는 사람과 대화할 때 일단 표준어를 막 사용해 봄.
· 결국 꾸준하게 하니 자연스러운 표준어 사용이 가능하게 됐음.
· 사투리 교정은 연습으로 충분히 가능하다는 결론을 내림. |

자, 이쯤이면 삶의 모든 순간이 스피치 주제라는 말을 인정하게 될 것이다. 스피치를 통해 나를 들여다보게 된다는 말에도 공감하게 된다. 스피치는 머릿속에 있던 내 경험을 전달하는 과정이다. 물리적인 소리의 단순한 전달이 아니다. 스토리가 있는 나의 이야기와 그 이야기에 포함된 감정이 함께 전달된다. 내가 직접 겪은 스토리는 아주 큰 힘을 가진다. 청중이 나에게 집중하게 되고 공감하게 하며 마음을 움직이게 한다.

수업하다 보면 "나는 말주변이 없어서 스피치 할 게 없어요."라는 말을 자주 듣는다. 사람들은 자신이 행동하고 말하는 것 모두가 값진 스토리라는 것을 모른다. 지금부터는 이 사실을 꼭 알아야 한다. 스피치를 배우면 스피치하기 위해 과거와 현재의 나를 마주하게 된다. 과거의 나를 통해 발전된 점, 노력해야 할 점을 생각하게 된다. 이 모든 활동이 나의 스토리를 끄집어내게 한다. 당신은 스피치할 게 없는 사람이 아니다. 스피치를 배우자. 당신의 무수한 스토리가 쏟아져 나올 것이다. 결국, 단순한 전달자가 아닌 내 스토리가 더해진 훌륭한 스피치가 가능하게 된다. 어디서나 통하는 기적의 스피치 노하우! 전달자가 되지 말고, 내 스토리를 더하라!

경험하는 것이
스피치의 시작이다

앞의 내용을 통해 '내가 직접 겪은 스토리가 가장 좋은 스피치다.'라는 것을 알게 됐다. 하지만 이 세상 모든 것을 직접 경험하기란 불가능하다. 그래서 '직접 경험'과 '간접 경험'으로 나눈다. 스피치 강의를 시작할 때 내가 강조하는 것 중의 하나가 바로 '스피치를 잘하려면 잘 들어야 한다.'이다. 여러 사람의 스피치를 보고 들으면서 세상을 배우는 것은 아주 큰 공부가 된다.『일년만 닥치고 독서』의 저자 김경태는 다음과 같이 말한다.

"나는 책을 통해 사람들을 간접 경험한다. 책은 사람에 대한 이야기다. 책은 사람이 쓰기 때문에 주제가 사람이 아니더라도 사람이 그 주제를 판단한 기록물이다. 그래서 책을 통해서 사람들의 생각을 배운다. 세상에 똑같은 사람은 없다. 똑같은 생각

역시 없기에 책을 한 권 읽을 때마다 새로운 생각을 하나씩 얻는다. 이렇게 독서를 통해 직접 만날 수 없는 사람들을 수백 명, 수천 명씩 만날 수 있다. 사람을 만나면 상대방의 기운을 느낄 수 있다. 긍정적인 기운이 느껴지는 사람, 피곤한 기운을 내뿜는 사람, 에너지가 넘치는 사람 등과 같이 사람을 만날 때마다 우리는 상대방에게서 보이지는 않지만, 기운을 감지한다. 이런 다른 기운들은 나의 기운과 어우러지면서 나를 변화시킨다."

내가 보는 스피치의 관점과 저자가 책을 보는 관점이 이렇게 똑같을 수가! '책'을 '스피치'로 단어 바꿈을 해도 전혀 손색없을 정도로 의미가 통한다. 책 못지않게 스피치도 그 역할을 제대로 한다는 뜻이다. 스피치 후 나의 자아 이미지와 세상을 바라보는 관점이 바뀌었고 긍정적인 사고를 갖게 됐다. 이 모든 것은 바로 다른 수강생들의 스피치의 영향이 컸다. 다른 수강생들의 제각각 다른 삶 이야기, 그 삶에 관한 생각과 의견을 보고 들었다. 그렇게 스피치를 통해 내가 직접 경험으로는 얻을 수 없는 것들을 간접 경험했다. 스피치를 하는 수강생들이 내뿜는 긍정적인 기운을 내가 고스란히 받았다. 그 긍정적 기운과 합리적 신념이 어우러지면서 나를 변화시켰다.

'스피치를 시작하는 것'에 대해 너무 큰 부담을 느끼지 않아도 된다. 스피치의 시작은 바로 '경험하는 것에서부터 시작하는 것'이기 때문이다. 그 경험은 '직접 경험'과 '간접 경험' 모두를 말한다. 직접 경험은 내가 직접 경험한 일을 꺼내면 되고, 간접 경험은 집중해서 다른 수강생들이 스피치를 보고 들으면 된다. 결코, 어려운 것이 아니다.

"오늘은 탈 것과 먹는 것에 대해 다루었어요. I가 기차를 특히 좋아하네요. 그리고 호박은 맛이 없다고 손을 내저었어요."

언어발달치료에서 꽤 자주 다루는 범주개념이다. 탈 것들은 탈 것대로, 먹는 것은 먹는 것대로, 입는 것은 입는 것대로 분류하며 어휘의 양도 늘릴 수 있는 활동이다. 상담이 끝난 후 I의 엄마가 물었다. "선생님. I가 비행기를 한 번도 타 본 적이 없어요. 편식이 심해 채소는 아예 입도 안 대요. 그런데도 이 그림들을 모두 이해하던가요?" 내가 대답했다. "어머니, 어머님은 달에 가보셨나요? 설마 달에 안 가보셔서 달을 모른다고 하진 않으실 거죠?"

I의 어머니와 나는 깔깔깔 웃으며 상담은 잘 마무리됐다. 긴 부연설명과 전문용어를 사용하지 않고도 '간접 경험의 중요성'을 센스 있게 강조할 수 있었다.

백 번 듣는 것보다 한 번 보는 것이 낫다는 뜻의 '백문이 불여일견'이라는 말을 잘 알고 있을 것이다. 나는 이 말에 많은 사람들이 고개를 끄덕이는 것만큼이나 중요한 것이 바로 간접 경험이라 생각한다. 다양한 사람들의 다양한 스피치를 보고 들으면 여러 분야의 이야기를 듣게 된다. 그것은 굉장히 흥미롭다. 스피치 수업을 받으면서 전혀 관심이 없던 축구에 대한 흥미를 맛보았다. 그래서 손흥민 선수가 센추리클럽에 등록됐다는 것도 알았다. 센추리클럽은 국제축구연맹(FIFA)이 공인하는 경기에 100회 이상 출전한 선수들이 속한 그룹을 말한다. 그리고 손흥민 선수가 한국 남자 선수로는 16번째로 센추리클럽에 가입한 선수라는 것도 알게 됐다. 또한, 스피치 수업을 받으면서 배드민턴의 셔틀콕 깃털의 수가 약 15개 정도라는 것도 알게 됐다. 살면서 내가 셔틀콕의 깃털 수를 알게 될 것이라고는 생각지도 못했다. 스피치의 간접 경험을 통해 직접 겪어본 사람만이 아는 재미를 느낄 수 있다. 직접 경험과 간접 경험의 동시 존재성을 알아낸 지금, 이 순간도 흥미롭다. 셔틀콕 깃털의 개수를 인생 살이에서 꼭 알아야 하는 것은 아니다. 하지만 나의 평소 관심사와 전혀 다른 이야기에 집중하는 것이 생각보다 큰 재미를 안겨준다.

삶의 경험이 많은 사람은 그 사람만의 내공이 있다. 직접 경험과 간접 경험이 많이 쌓인 사람은 내공이 높다. 내가 좋아하는 SBS 프로그램인 〈꼬리에 꼬리를 무는 그날 이야기〉는 인생의 굴곡을 넘은 주인공들의 이야기를 다룬다. 프로그램을 보는 내내 '사람에게 어찌 저런 일이 일어날 수 있을까?'라는 생각이 들 정도로 주인공의 마음을 감히 가늠도 하지 못한다. 하지만 우리는 이러한 경우도 주인공이 겪은 일을 함께 경험했다고 말할 수 있다. 마치 내가 그 일을 직접 겪은 것처럼 공감하고 감정을 나눈다.

우리는 늘어가고 있는 많은 범죄기사를 보며 생각한다. '어찌 사람으로서 저런 일을 저지를 수 있지?', '저 사람은 공감 능력이 떨어지나 봐.'라고 말하기도 한다. 실제로 타인에 대한 공감 능력이 없는 사이코패스도 늘어가고 있다. 타인에 대한 공감 능력은 사회구성원으로서 원활하게 살아가기 위해 필수다. 코로나로 인한 이번 팬데믹 상황에서 가장 힘든 부분은 바로 사람을 만나지 못하는 것이라고 한다. 신문 기사 중에 팬데믹을 '사람이 사람을 만나지 못하는 재앙'이라고 했다. 기사를 보며 공감 능력을 향상하기 위해서는 사람은 사람을 만나야 한다는 필요성을 더 크게 느꼈다.

스피치는 한마디로 소통이다. 가장 효과적인 소통을 위한 알맞은 목소리, 상대방과의 눈빛 교환, 알맞은 제스쳐, 알맞은 자리 옮기기(효과적인 동선 변화), 이 모든 것을 극대화하기 위한 내용(주제에 맞는 사례연결 등)으로 상대와 소통한다. '소통하다'의 사전적 의미는 "막히지 아니하고 잘 통하다.", "오해가 없도록 뜻을 서로 통하다."이다. 스피치는 사람들과 긍정적인 에너지를 서로 교환하며 소통할 수 있게 한다.

만약 아직도 스피치를 시작 못 할 이유가 있다면 관점을 다시 한번 옮겨보자.

김경태는 저서 『일 년만 닥치고 독서』에서 이렇게 말한다. "독서를 하지 말아야 할 백 가지 이유를 꼽기보다 독서를 해야 할 절실한 한 가지 이유를 만들어라. 그것이 몸과 머리와 마음을 완전히 독서에 몰입하게 만들 것이다."

스피치를 배우지 못할 백 가지 이유를 꼽기보다 스피치를 배워야 할 절실한 한 가지 이유를 만들어보자.

절실한 이유가 떠오르지 않는다면 이 책의 목차들을 잘 살펴보자. 이 책의 각 장의 제목과 소제목을 중얼거리며 소리 내어 읽어보자. 이 책의 큰제목과 소제목들은 스피치를 배워야 할 이유를 잘 정리해 놓은 것이다.

당신은 아직 스피치를 직접 경험하기 전이다. 그렇지만 나의 직접 경험을 토대로 먼저 간접 경험해 보자. 곧 당신도 스피치를 직접 경험하게 될 것이다. 어디서나 통하는 기적의 스피치 노하우! 경험하는 것이 스피치의 시작이다!

06 듣는 사람에게 맞는 적절한 화제를 던져라

"선생님 몇 살이세요?"

대학 졸업 후 첫 직장에서 내가 가장 많이 받은 질문이다. 내 아이의 언어치료를 맡은 치료사가 딱 봐도 너무 앳돼 보였기 때문이다. 내 나이 22살이었다. 전문학사를 받고 바로 취업했다. 그리고는 편입해 일과 학사공부를 병행했다. 그때의 나는 정말 앳됐었다. 내 나이를 물어보는 어머니들의 얼굴은 나에게 이런 메시지를 주는 것 같았다. '완전 초짜네. 이런 초짜 선생님에게 내 아이를 맡겨도 되는 건가?' 실제로 이런 생각을 했는지 안 했는지는 알 수 없다. 다른 방에 계신 경력 짱짱한 언어치료사들로 인해 주눅 들어 있던 나의 낮은 자아상이 만든 착각일 수도 있다. 뭔가 해결책이 있어야 했다. 하지만 그 해결책을 어떻게 찾아야 할지 몰랐다. 그러다가 결론을 냈다. '내 분야에 대해 많이 공부하는 것이 제일 최고지.' 특히 일주일에 한 번 있는 직장 내 스터디에서 귀를 열고 열심히 배우려고 노력했다. 배우면 배울수록 아는 것보다 모르는 것이 더 많다는 사실에 직면해야 했다. 하지만 나는 주어진 상황에서 최선을 다했다.

스터디가 진행되던 중에 경력 많은 한 선생님이 말했다. "최현혜 선생님은 궁금한 게 없나 봐요? 모르는 게 많을 텐데 왜 다른 방에 경력 많은 선생님들에게 안 물어봐요?"

너무 당황스러웠다. '뭘 알아야 궁금증도 생기죠. 열심히 배우는 중인데 나한테 왜 그래요?'라는 말을 목구멍 밖으로 내뱉고 싶은 마음이 굴뚝같았다. 하지만 그럴 수는 없다. "네. 이제부터 많이 물어보면서 배우겠습니다."라고 대답할 수도 있었을 텐데 그마저도 못하고 주눅 들어 눈만 껌뻑였다. 그날 하루는 무슨 생각으로 보냈는지 모르겠다. 퇴근 후 집에 돌아와 곰곰이 생각했다. '그 선생님은 갑자기 왜 나에게 그런 질문을 한 거지? 스터디라는 건 공부하고 배우려고 가지는 시간이야. 설명 잘 듣고 있던 나한테 그런 질문을 한 건 적절한 행동이 아니야.' 또한, 그 일로 어머니들에게 받았던 질문도 나에게 할 수 있는 적절한 질문이 아니라는 것도 깨달았다.

얼마 후 다른 어머니가 나에게 물었다. "선생님. 혹시 나이가 어떻게 되세요?" 나는 말했다. "제가 좀 동안이에요. 오늘 아이의 집중도가 높았어요. 그래서 칭찬도 많이 해주고 계획했던 활동들을 모두 다 진행할 수 있었답니다. 아이의 스티커 판에 스티커가 가득해요. 칭찬 많이 해주세요."

누구나 겪을 수 있는 사회초년생의 기간에는 시행착오를 많이 겪는다. 오히려 실수 없이 완벽하게 일을 해내는 것이 이상하다. 나의 첫 직장에서의 5년은 수많은 시행착오를 거쳐 잘 단련된 사회구성원으로 탈바꿈해 준 세월이었다. 여러 가지 배움 중에 가장 큰 배움은 '번지수를 잘 찾아야 한다.'이다. 스터디는 배움의 장이다. 질문을 하고 안 하고는 질문자가 선택하는 것이다. 스터디 주제에 맞게 준비한 자료를 공유하고 준비자는 준비한 내용을 잘 설명하면 된다. 언어치료센터에 왔다면 아이의 언어치료에 주제를 맞추면 된다. 치료사의 나이를 궁금해하기보다는 치료 내용에 중점을 둬야 한다. 말더듬 치료가 필요한 사람에게 문법과 관련한 활동은 맞지 않는다. 자신의 이름을 듣고 반응하지 않는 아이에게 책상에 앉아 집중시간 늘리기와 같은 활동은 포함하지 않는다. 이렇듯 '번지수 제대로 알기'의 중요성을 알게 된 후 '번지수 제대로 알기'는 내 신념이 됐다. 그렇게 첫 직장에서 5년을 일했다. 결국에는 모든 동료 선생님과 잘 지내게 됐다. 그리고 더 이상 내 나이에 대한 질문은 받지 않았다. 물론 퇴사할 때도 여전히 배워야 할 것들이 태산같이 쌓인 사회초년생이라는 사실은 변함없었다. 이후 직장에서도 여러 시행착오 안에서 '번지수 제대로 알기'를 되새기며 중심을 잃지 않으려 했다.

　친구 A와 B를 오랜만에 만났다. 커피를 마시며 즐겁게 이야
기했다. 그러던 중 A가 나에게 말했다. "아! 전에 우리 같이 갔
었던 거기 말이야. 내가 다시 우리 아이랑 남편이랑 갔었거든."
이 말로 시작해서 B가 공감할 수 없는 이야기를 계속 이어갔다.
나와 A만 같이 경험한 그 일을 B앞에서 나를 보며 멈추지 않고
계속 이야기했다. 겨우 내가 화제를 다른 곳으로 돌렸다. 하지
만 그것도 잠시였다. A는 B와 경험한 것을 나를 앞에 두고 B를
바라보며 이야기하기 시작했다. A는 나와 오랫동안 꽤 친하게
지낸 친구다. 유쾌하고 활발해서 어딜 가나 사랑받는 친구지만
딱 한 가지 아쉬운 점이 있다. 함께 있는 사람들이 같이 공감할
이야기를 하는 도중에 꼭 어느 한 사람은 공감하지 못할 이야기
로 화제를 돌리는 것이다. 이야기하다가 늘 흐름이 끊겼다. 누
구든지 A와의 대화에서는 소외된 느낌을 받곤 했다. '이야기를
듣는 사람에 대한 화제가 적절하지 않으면 이런 기분이구나.'를
A를 통해 나도 여러 번 경험했다.

　스피치는 나의 스피치를 보고 듣는 청중이 최우선이다. 청중
의 나이, 성별, 관심사를 아는 것이 먼저다. 사춘기 아이들에게
워킹 맘으로서의 고충을 이야기하면 안 된다. 미혼인 친구에게
결혼생활에 대한 조언을 구하면 안 된다. 하지만 사춘기 아이에

게 "내가 너를 키우기 위해 얼마나 열심히 사는 줄 아니?"라든지, 미혼인 친구에게 "제삼자가 봤을 때 너는 우리 부부문제에 대해 어떻게 생각해?"라고 묻기도 한다. 이렇듯 당연하지만, 일상에서 간과할 수 있는 부분을 스피치가 다시 잡아준다.

한참 이야기하다가 "우리 무슨 말 하다가 이 이야기까지 왔지? 내가 무슨 말 하려고 했더라?" 했던 경험이 누구나 있을 것이다. 나 또한 그런 적이 많았다. '원래 말하려고 했던 게 뭐지? 무슨 말 하려고 했더라? 이 이야기를 왜 하고 있지?' 하며 원래 화제를 찾기 위해 다시 머리를 굴리는 과정을 많이 반복했다. 상대방의 도움으로 금방 본래 화제를 찾기도 한다. 하지만 서로 본래 화제를 찾지 못한 채 웃어 넘어가기도 한다.

스피치를 본격적으로 배운 후에는 본래 화제를 잘 잊지 않게 됐다. 상대방이 "우리 무슨 이야기 하고 있었더라?" 하면 내가 시원하게 알려준다. 스피치는 청중에게 맞는 적절한 화제라는 커다란 뼈대를 유지해야 한다. 뼈대가 무너지면 전체가 무너지고 만다. 스피치는 의식이 흘러가는 대로의 아무 말 대잔치가 아니다. '듣는 사람에게 맞는 적절한 화제'로 삼천포로 빠지지 않는 대화를 가능하게 한다.

첫 직장에서 5년 동안이나 근무할 수 있게 나를 잡아준 신념은 '번지수 제대로 알기'다. 그것은 바로 스피치에서 배운 '청중에게 맞는 주제를 선정하기'의 개념과 통한다. 이렇듯 너무나 당연한 일상의 여러 가지를 스피치가 뚜렷하게 가르친다.

"학교에서 또 전화가 왔어요. 실컷 다 해 간 숙제를 내기만 하면 되는데 그거 하나 똑바로 내는 것도 못 해요. 내가 아주 얘 때문에 요즘 잠을 못 자요. 도대체 누굴 닮아서 이런 걸까요? 하긴. 누굴 탓하겠어요. 나 닮아서 그렇겠죠."

신체발달과 언어발달 속도가 어려서부터 느렸던 I가 초등학교에 입학했다. I의 어머니는 그야말로 늘 노심초사다. 어머니는 I를 보면 불안하면서도 안쓰럽다고 했다. 그러다가도 이런 일이 있을 때면 화가 난다고 했다. 경력이 없었을 때는 아이의 발달적인 측면에서 최대한 쉽게 설명하려 했을 것이다. 그렇게 어머니를 이해시키는 것을 중점으로 상담했을 것이다. 하지만 경험으로써 아이의 어머니들이 저렇게 말하는 이유는 따로 있다는 것을 알게 됐다. 스피치를 배우기 전, 경험으로만 터득한 내 대답은 보통이랬다. "어머니 매우 속상하셨겠어요. 그런데 그게 어머님 탓인가요? 어머님 탓 아니에요. 아직 1학년 초반이잖아요. 앞으로 조금씩 좋아질 거예요." 정도였다. 하지만 스피치를 배운 후의 내 대답은 많이 달라졌다. I의 어머니는 나를 또래 아이 키우는 엄마로서 공감받고 싶었을 것이다. 나를 아이 문제에 대한 고민을 서로 털어놓는 엄마로 바라보고 화제를 던진 것이다.

"우리 애들도 그랬어요! I는 이제 1학년이니 그럴 수 있어요. 우리 아이는 지금 2학년인데도 종종 그러는데요 뭘. 그래도 1학년 때보다는 훨씬 실수하는 수가 줄어들더라고요. 그래서 선생님에게 내야 할 숙제가 있으면 아침에 한 번 더 당부해요. 담임 선생님께 숙제한 것 꼭 내야 해! 그랬더니 확실히 낫더라고요. 어른인 우리도 뭔가에 익숙해지기 전에 늘 깜빡깜빡하잖아요. 될 때까지 계속 말해주기! 아이들한테는 그게 가장 좋은 방법인 것 같아요."

상대에게 맞는 적절한 화제를 던지는 것은 중요하다. 그리고 상대가 던진 화제에 대해 적절하게 대답하는 것도 매우 중요하다. 적절한 화제를 던지고 그 화제에 맞는 대답을 한다. 또 그 대답에 맞는 이야기를 하고 그 이야기에 맞는 대답을 하면서 반복하는 것이다. 이것이 바로 '원활한 의사소통'이다. 마치 아이들이 서로 사이좋게 공을 주고받기하는 것처럼 말이다. 어디서나 통하는 기적의 스피치 노하우! 듣는 사람에게 맞는 적절한 화제를 던져라!

적절한 유머로
상대의 마음을 열어라

대통령이 의회에서 연설하려고 하는데 한 의원이 "당신은 두 얼굴을 가진 이중인격자요, 아시겠소?"라고 비난했다. 그 대통령은 난감한 표정을 짓더니 되물었다. "거참! 내가 두 개의 얼굴을 가지고 있다면, 오늘 같은 중요한 자리에 왜 이 못생긴 얼굴을 갖고 나왔겠습니까?" 대통령의 대답에 의원들은 박장대소했고 그 의원은 슬그머니 자리에 앉아야 했다.

링컨의 유명한 일화 중 하나다. 링컨 대통령은 상황에 맞게 유머를 아주 잘 사용했다. 그 유머로 사람들에게 일침을 놓고 깨달음을 준 일화는 아주 많다. 이 외에도 정치인이나 연예인과 같이 사회적 영향력이 높은 사람들은 유머를 적절히 잘 사용한다. 유머가 있는 자신의 일화나 어록으로 인기를 끌기도 한다.

이렇듯 상대의 마음을 여는 적절한 유머란 무엇일까?

바로 '자조(自嘲)'가 포함돼야 한다. 유머와 자조가 합쳐졌을 때 비로소 상대의 마음을 열 수 있다. '유머(humor)'의 사전적 뜻은 '남을 웃기는 말이나 행동'이다. '자조(自嘲)'는 '스스로 비웃음'이다.

오랜만에 친구들을 만났다. 고등학생 때부터 알고 지낸 친구들이라 모두 스스럼없이 편했다. 이야기 도중 친구 A가 나에게 말했다.

"니 코 했나?"

"어 맞다! 몇 년 됐다. 넘어지면서 코뼈가 똑 부러졌잖아. 재건 수술하는 김에 실리콘 도움 좀 받았다. 하하하."

"오! 예쁘다야! 그래. 니 옛날에 코 완전 낮았었잖아. 하긴 해야 됐지!"

"음… 그럼 난 이번에 치아교정도 했으니까 눈, 코, 입 다 한 거지. 완전 인조인간이 따로 없네. 그래서 다들 나보고 예뻐졌다고 난리인 듯!"

친구들은 함께 웃었다. 한 친구는 내 코를 수술한 병원을 알려달라고도 했다. 마침 이야기하던 주제가 성형이었고 대부분 성형을 할까 말까 고민만 하고 있었다. 그 상황에서 나의 예전 외모를 놀리듯 언급한 친구가 순간 얄미웠다. 그러나 순간의 얄

미운 감정에 휩싸이지 않았다. 스피치를 배운 후 나의 가장 큰 변화 중 하나가 바로 '사소한 것에 눈에 불을 켜고 달려들지 않는 것'이다. 마음이 어지럽지 않으니 자연스럽게 자조적 유머로 그 상황이 마무리됐다. 그리고 '앞으로도 지금의 마음을 유지할 수 있게 노력해야겠어'로 깨달음을 얻었으니 나름 만족이다.

유머사용에서 가장 주의할 점은 상대방을 이용하면 안 된다는 것이다. 자조적 유머는 자신의 약점을 드러내면서도 자신에게 부정적인 영향이 없다. 또한, 이미지도 손상되지 않는다. 하지만 남을 이용하면 자신의 이미지는 손상된다. 게다가 자존감이 낮은 사람이라는 걸 증명하게 되는 꼴이다. 실제로 그 친구는 외모에 대한 콤플렉스가 많았다. 하지만 용기가 없어 막상 병원 상담도 가지 못하고 있었다.

스피치를 배우기 전이었으면 어떻게 반응했을까? 아마 "너 지금 나한테 그런 말 할 처지가 아닌 듯?"과 같이 조롱했을 수도 있다. 조롱은 서로 심리적인 불편함을 초래한다. 누군가가 나를 조롱했을 때 화를 내면 더 많은 불편감이 유발될 뿐이다. 하지만 스피치를 배운 후 마음이 아주 너그러워졌다. 사소한 것에 눈에 불을 켜고 달려들지 않았고, 높아진 자존감으로 외부에서 들어오는 부정적 에너지를 걸러낼 수 있게 됐다.

『하버드 100년 전통 말하기 수업』의 저자 류리나는 "자신을 웃음거리로 삼아 사람들이 미소 짓게 할 수 있다면, 그들은 당신을 더 좋아하고 존중하며 심지어 우러러보게 될 것이다. 또한, 그들은 당신이 유머를 통해 당신의 우수함과 사람을 배려하는 친절, 다른 사람과 격의 없이 소통하는 요건을 갖췄다는 것까지 알게 된다."라고 했다. 또한 "자조의 예술을 마스터하고 제대로 활용하려면 먼저 겸손하고 자신감을 가져야 한다. 겸손함과 자신감을 겸비한 사람만이 더 여유 있게 자신의 약점을 자신의 특징으로 바꿀 수 있다. 하지만 실패한 사람은 자신감을 가질 수는 있어도 절대 겸손해질 수는 없다. 겸손함은 성공한 사람만의 특징이기 때문이다"라고 했다.

그렇다. 나는 스피치로 인해 나의 특별함과 우수함을 스스로 인정하게 됐다. 결국, 성공한 사람들의 유머인 '자조적 유머'도 가능하게 됐다. 일부러 자조적 유머를 배운 적은 없다. 그저 스피치로 높아진 자존감이 자조적 유머를 가능하게 했다. 그리고 이번 계기로 '스피치로 높아진 자존감을 유지하되 겸손함은 잃지 말자'라고도 했다.

2018년도에 완결된 MBC 예능 프로그램 〈무한도전〉은 그야말로 자조적 유머의 잔치장이다. 공식적으로는 "대한민국 평균 이하들이 매주 새로운 상황 속에서 펼치는 좌충우돌 도전기"로 소개되어 있다. 하지만 유재석, 정준하, 정형돈, 박명수, 하동훈, 황광희의 모습을 보면 절대 평균 이하로 생각되지 않는다. 자신들의 약점을 오히려 드러내 시청자들에게 웃음을 주면서도 늘 겸손하다. 그것이 무한도전 멤버들을 성공으로 이끈 이유라고 생각한다. 유재석의 돌출 입, 정준하의 덧니, 정형돈의 몸매, 박명수의 얼굴, 하동훈의 작은 키, 황광희의 성형 미남과 같이 그들에게 붙은 수식어는 모두 약점과 관련한 단어다. 하지만 자조적 유머의 달인으로서 많은 시청자의 마음을 열었다.

작년 어느 날 큰딸이 나에게 물었다.
"엄마, 우리 집은 몇 평이야?"
"우리 집은 22평이야. 왜?"
"친구들 중에서 40평이 넘는 집에 사는 아이들도 있대. 우리는 언제 넓은 집으로 이사 가?"
"우리 집이 22평이라 엄마랑 너랑 이렇게 딱 붙어있을 수 있는 거야. 딱 붙어서 얼굴 자주 봐서 이렇게 서로 더더욱 사랑하나 봐!"
라고 말하곤 아이를 세게 안고 흔들었다. 사랑의 마음을 담아 꼭 껴안았다.
"엄마, 그만해! 하하하하하!" 옆에 있던 남편은 토끼 눈을 뜨고 나를 바라봤다. '어찌 저렇게 받아칠 수가 있지?' 하는 표정으로 말이다.

하지만 대답을 하면서도 꽤 씁쓸한 마음이 드는 것은 어쩔 수 없었다. '아파트 동호수로 평수를 알 수 있는 현실 앞에서 아이들도 영향을 받는구나.' 싶은 생각에 마음이 좋지 않았다. 자칫 잘못하면 '우리 집'에 대해 말도 안 되는 잘못된 심리를 심어줄 수도 있는 상황이다. 그렇다고 서로 마주 앉아 본격적으로 우리 집이 22평인 이유에 대한 히스토리를 풀어놓을 수는 없다. 그때 아이의 나이 겨우 초등학교 3학년이었다. 자조적 유머를 알지 못했다면 당황해서 적절한 대답을 하지 못했을 것이다. 상처가 될 수 있었던 아이의 마음을 적절한 유머로 오히려 활짝 열었다. 이와 같은 일들이 나만의 일이라고 생각하지 않는다. 아이를 키우다 보면 난감한 질문을 받을 때가 한두 번이 아니기 때문이다. 아이의 당황스러운 질문에도 때론 자조적 유머가 필요하다는 것을 알게 됐다.

유머는 대화에서 중요하다. 유머가 없는 대화를 생각하면 지루하다. 대화에서의 적절한 유머는 상대방과의 심리적인 벽을 허문다. 따라서 상대방과 빠르게 친밀해질 수 있는 징검다리와 같다. 그러나 그 전에 먼저 꼭 기억해야 할 것이 있다. 남을 이용한 유머가 아닌 자조적 유머를 사용해야 한다. 어디서나 통하는 기적의 스피치 노하우! 적절한 유머로 상대의 마음을 열어라!

08

목소리의 크기와
말의 속도를 조절하라

"좀 더 울리게. 이 공간을 내 목소리가 진동시킨다고 생각하고 울리게."

스피치 강의 때 내가 가장 자주 하는 말이다. '좀 더 크게'가 아니라 '좀 더 울리게'를 강조한다. 내가 스피치에서 가장 먼저 배웠던 '보이스 트레이닝'에서는 큰 목소리가 아닌 울리는 목소리의 중요성을 강조했다. 배가 고파서 우는 아기의 울음소리를 생각해보자. 아기의 울음소리는 집안 전체를 울리게 한다. 아기는 가슴이 움직이는 흉식호흡을 하지 않는다. 완벽한 복식호흡으로 낭랑하고 맑은 목소리를 내기 때문에 귀에 잘 꽂힌다. 사람이 많은 곳에서 특정한 사람을 부를 때 지르는 큰 소리와는 다르다. 복식호흡과 복식발성을 스피치에서 제대로 배우면 귀에 잘 꽂히는 울리는 소리를 낼 수 있다. 어디서나 내 목소리가 상대방에게 잘 전달되게 하려면 복식호흡을 먼저 배워야 한다. 그다음은 복식발성이다. 호흡이 짧다고 호소하는 사람도 복식발성을 배우면 호흡이 길어질 수 있다. 그리고 목소리의 음질이 훨씬 좋아진다. 목소리의 음질(소리의 질)이 좋아진다는 것은 자신에게 맞는 음도(목소리의 높낮이)를 찾게 된다는 것을 뜻한다. 자신에게 맞는 음을 찾으면 좋은 음질은 저절로 따라오게 된다. 목소리의 음질이 중요한 이유를 류리나는 자신의 저서 『하버드 100년 전통 말하기 수업』에서 다음과 같이 말한다.

"음질은 당신의 발음에 중요한 역할을 한다. 당신 목소리는 감정의 색채를 토로해내는 도구로써 다른 사람과 대화할 때 긍정적인 느낌을 줄 수 있어야 한다. 목소리에 함축된 에너지를 느껴야 당신의 영향력이 크게 증가하기 때문이다. (중략) 당신의 목소리에 비음이 짙다거나, 호흡이 불안정하거나, 귀를 찌른다거나, 활력이 없으면 그 부분을 반드시 노력해서 바꿔야 한다. 당신의 목소리가 맑고 감미롭고 감정의 색채가 풍부하게 들릴수록 상대는 당신에게 굳건한 신뢰를 보낸다."

목소리는 매우 중요하다. 누군가를 다시 만났을 때 얼굴을 잘 기억하지 못할 때가 있다. 하지만 그 사람의 목소리를 들으면 바로 떠올릴 수 있게 된다. 목소리가 나를 상징한다고 해도 과

언이 아니다. 나를 상징하는 목소리를 어떻게 만들고 싶은가? "아! 그 목소리 좋은 사람!"이고 싶지 않은가? 목소리는 다른 사람에게 나를 호감형으로 인식시키거나 혹은 그 반대의 효과를 부른다. 누구나 자신이 호감형이길 바란다. 호감형 인간이 되고 싶다면 먼저 목소리부터 바꿔야 한다. 목소리도 바꿀 수 있다. 목소리 성형이라는 말이 괜히 나온 것이 아니다.

월트 디즈니 애니메이션 중 〈리틀 프린세스 소피아〉의 한 장면에서는 늠름한 기사 한 명이 등장한다. 전장에 나가서 승리를 여러 번 이끈 늠름한 기사에게도 고민이 있었는데 늠름한 기사가 한눈에 반해버린 공주가 있다는 것이다. 그러나 자신의 목소리 때문에 앞에 설 엄두를 못 낸다. 기사의 겉모습은 늠름하고 용감하다. 하지만 목소리는 높고 얇다. 결국, 남자다운 굵직한 목소리의 친구에게 목소리 대역을 시킨다. 만화의 결론은 겉으로 드러나는 목소리보다 내면의 진심을 강조하며 기사와 공주님의 사랑이 이루어지는 것으로 끝이 난다.

그러나 우리의 현실은 어떠한가? 만화의 결론이 틀렸다는 뜻이 아니다. 다만 만화와 같은 결론이 날 확률이 현실에서는 아주 낮다는 것을 강조하려는 것이다. 대표적인 예로 앞으로는 채용방식도 블라인드 면접을 택하는 기업이 많아진다.
블라인드 면접이란 '피면접자에 대한 정보가 전혀 없는 상태에서 하는 면접으로, 보통 학벌이나 스펙 따위에 얽매이지 않고 좋은 인재를 뽑고자 채택하는 방법'이다. 이제는 이력서에 적힌 이력을 보고 사람을 채용하지 않는다. 오로지 눈앞에 있는 사람을 그 자리에서 바로 판단하고 채용한다. 심지어 이름도 사용하지 않는다. "1번 지원자입니다."라고 해야 한다. 예전보다 더 면접관의 질문에 잘 대답해야 한다. 어떻게 해야 면접관의 질문에 잘 대답하는 것이 될까?

인간을 위한 동물실험에 대해 어떻게 생각하는가?

저는 / 인간을 위한 동물실험에 / 반대합니다. / 왜냐하면 / 동물실험의 결과를 완전히 믿을 수는 없습니다 / 인간에게 있는 질병 / 3만 가지 가운데 / 동물과 공유하는 질병은 1.16%밖에 / 되지 않습니다. / 이 때문에 / 동물실험을 거친 신약들도 / 인간에게서 부작용을 보이는 사례가 / 많습니다. / 단지 / 인간의 유익을 위해 / 동물들의 일방적인 희생을 강요하는 것은 / 잔인하고 비인간적인 행동입니다. / 그래서 저는 / 인간을 위한 동물실험에 / 반대합니다. / 이상입니다.

일단 복식발성으로 면접장을 울리는 목소리를 내야 한다. 불쾌감을 주는 쩌렁쩌렁한 목소리를 말하는 것이 아니다. 면접관의 귀를 사로잡는 복식발성의 '울리는' 목소리여야 한다. 그리고 속도는 절대 빨라지지 말아야 한다. 속도감을 익히기 힘들다면 끊어야 할 곳을 미리 표시해 끊어 읽는 연습을 해보자. 그리고 강조해야 할 부분을 함께 표시하자. 강조할 곳들을 제대로 강조만 잘해도 알맞은 속도 조절이 가능하다.

말더듬 치료 프로그램에 참여하기 위해 M이 상담을 요청했다. 올해 19살인 M은 곧 있을 대학면접을 앞두고 걱정이 컸다. 검사를 위해 긴 글을 제시한 후 평소대로 읽게 했다. 읽는 속도가 매우 빨랐다(말더듬인의 대표적인 공통적 특징이다). 읽는 속도가 빠르니 말더듬 빈도는 계속해서 치솟았다(말을 빨리하려 할수록 더 말을 더듬게 된다). 검사 후 내가 먼저 시범을 보여주고 차이점을 바로 알 수 있게 한다. 빠르게 쭉 읽는 것을 들려주고 조금 천천히 알맞은 속도로 읽는 것을 들려준다. 그리고 끊어야 할 곳을 확실하게 끊으면서 읽고, 강조할 부분은 조금 더 속도를 늦추도록 한다. 그리고 바로 물어본다. "1번이 듣기가 좋은가요, 2번이 듣기가 좋은가요?" 100명 중 100명 모두 천천히 읽은 2번이 듣기 좋다고 한다. 듣기 좋을 뿐만 아니라 내용 이해도 굉장히 잘 된다며 신기해한다. '말 속도라고 해봤자 얼마나 큰 차이가 있을까?' 싶기도 하겠지만 아주 작은 시간 차이로 결과는 크게 달라진다.

지금 바로 자신의 평소 말 속도를 확인해보자. 말 속도는 그 사람의 성격과 관련이 깊다. 성격이 급한 사람은 대체로 말 속도도 빠르다. 성격이 느긋한 사람은 말 속도도 느리다. 말이 너무 빨라서도 안 되고 너무 느려서도 안 된다. 말이 너무 빠르면 듣는 사람은 정신이 없다. 반대로 말이 너무 느리면 우물쭈물하는 것처럼 보이고 답답하다.

가장 효과적인 말하기 속도는 분당 120자에서 160자이다. 그러나 이것을 평소에 계속 염두하고 세면서 말할 수는 없다. 호감형의 목소리와 말하기 속도 조절은 스피치의 꽃이다. 스피치하는 장소에 따라 내 목소리의 크기와 말 속도를 일일이 세지 않고 알맞게 조절해야 한다. 이 모든 것은 스피치를 배우면 가능하다.

M은 3개월의 언어치료와 스피치수업을 병행하고 대학면접에 합격했다. 목소리 크기 조절, 알맞은 말 속도의 중요성은 오직 M에게만 해당하는 것이 아니다.

어디서나 호감 가는 사람으로 기억되고 싶은가? 그렇다면 스피치의 꽃, 목소리와 말 속도를 조절하자. 어디서나 통하는 기적의 스피치 노하우! 목소리의 크기와 말의 속도를 조절하라!

4장

상대를
내 편으로 만드는
8가지
스피치 기술

스피치에도
화장이 필요하다

"이제 화장 안 하고는 밖에 돌아다니지도 못하겠다니까. 하하하!"

여자에게는 화장이 곧 자신감이라 할 수 있다. 민낯으로는 공식적인 자리에 참석하는 일이 매우 꺼려진다. 특히 나처럼 40대가 가까워지면 더더욱 그렇다. 나는 항상 자동차 조수석에 파우치를 둔다. 언제 어디서든 갑자기 화장해야 할 때를 위함이다. 어느 날은 조수석에 둔 파우치의 지퍼를 잠그지 않았나 보다. 브레이크를 밟았는데 파우치가 넘어지면서 열린 지퍼 사이로 화장품이 몽땅 떨어지고 말았다. 센터에 도착한 후 떨어진 화장품들을 주워 담는데 눈썹 브러쉬가 마지막까지 보이지 않았다. 결국, 눈썹 화장을 마무리하지 못하고 출근했다. 아이와 수업이 끝나고 아이의 어머니와 얼굴을 마주 보고 상담할 때마다 괜히 찝찝했다. 물론 아이의 어머니는 내 눈썹에 티끌만큼도 신경 쓰지 않는다. 하지만 나 혼자만 느끼는 그 찝찝함에 상담에 온전한 집중이 되지 않았다. 화장이 깔끔하게 마무리가 되지 않음에서 시작된 찝찝함이 내 일에도 영향을 주게 했다. 화장품 가게에 들러 눈썹 브러쉬를 샀다. 그렇게 눈썹 화장을 마무리했다. 그랬더니 자신감이 살아나는 기분이 들었다. 혼자 피식 웃으며 생각했다. "참 나, 이게 뭐라고 사람을 들었다 놨다 하냐." 데이브레이크의 노래 '들었다 놨다'를 흥얼거리지 않을 수가 없다. 그리곤 꽤 흥미로운 연결고리가 떠오르게 되었다.

스피치를 위해 필요한 요소들을 화장과 연결해 보았다. 세안 후 로션을 바르고 선크림을 바르고 에어쿠션을 두드리듯 목소리를 바꾸고 말하기 속도를 조절한 후 제스쳐도 함께 익히는 과정들이 서로 꼭 닮은 것 같았다.

화장을 위해서는 먼저 깨끗하게 세안해야 한다. 밤새 쌓인 얼굴의 기름기를 깨끗하게 씻어낸다. 물기를 수건으로 닦은 후 거울을 보고 확인한다. 이 과정은 마치 보이스 트레이닝을 받은 후 내 목소리의 전과 후를 확인하는 과정과 같다.

이제 화장 솜에 스킨을 적셔 피부 결을 정돈하고 에센스를 바른다. 이것은 꿀 보이스가 된 내 목소리로 스피치를 시작하기 위한 마음 정돈과 같다.

다음은 종일 피부가 건조해지지 않기 위한 로션과 수분 크림을 바를 차례다. 이는 다른 수강생들의 스피치를 보고 들으며 눈과 귀를 단련하는 것과 같다. 제대로 단련된 눈과 귀는 내 스피치 향상에 큰 도움이 된다.

이제 가장 중요한 단계이다. 바로 선크림이다. 선크림을 꼭 발라야 한다. 선크림은 계절과 상관없이 늘 발라야 한다. 선크림을 바르는 것과 같이 중요한 것이 긍정적인 마인드 가지기다. 자외선차단지수가 높은 것을 사용하면 강한 빛을 오랫동안 버틸 수 있다. 선크림을 바르지 않고 얼굴이 새카맣게 탔다고 불평하는 것은 어불성설이다. 마찬가지로 긍정적인 마인드를 가지는 것은 앞으로 겪게 되는 수많은 스트레스를 현명하게 차단할 수 있다. 부정적인 생각을 하고 있으면서 좋은 일이 생기길 바라는 것은 이치에 맞지 않는다. 스피치를 배우는 과정에서 꼭 배우게 되는 것이 바로 긍정적인 시선을 갖게 되는 것이다.

드디어 선크림을 바름으로써 기초화장이 끝났다. 이제는 본격 스피치가 시작된다.

에어쿠션으로 나에게 맞는 피부톤으로 만든다. 얼룩덜룩하지 않게 얼굴 전체를 파닥파닥 열심히 두드려야 한다. 골고루 파닥파닥 두드리지 않으면 어느 한 곳이 뭉쳐서 피부톤이 맞춰지지 않기 때문에 주의해야 한다. 세부화장을 위한 기본단계이다. 이것은 서론, 본론, 결론을 스피치 주제에 초점을 맞추는 것과 같다. 초점을 제대로 맞추지 않으면 스피치 내용에 균형을 잃게 된다.

이제 아이라인으로 눈매를 또렷하게 하고 마스카라로 풍성한 속눈썹을 만든다. 눈썹 모양도 다듬는다. 때로는 아이섀도를 이용해 다양한 색조를 연출하기도 한다. 스피치할 때 적절한 동선 이동, 상황에 맞는 제스쳐, 청중에게 질문 던지기, 퀴즈로 참여 유도 등과 연결된다. 스피치의 집중도를 더 높일 수 있게 부가적인 요소들을 적절히 잘 활용하는 것이 이에 해당한다.

마지막으로 립 틴트를 바른다. 예쁘게 화장을 다 해 놓고 마지막에 입술을 그냥 놔두는 것은 있을 수 없다. "이젠 입술 안 바르면 꼭 어디가 아픈 사람 같아. 입술에 생기가 없어!"라는 말은 언젠가부터 자주 하거나 듣는다. 이것은 마지막 인사까지 바른 스피치 자세를 유지하는 것과 같다. '휴, 이제 인사만 하고 들어가면 끝이구나.'하고 안도하면 안 된다. 자리로 들어갈 때도 허리를 곧게 펴고 또박또박 걸어 들어가 앉아야 한다. 내 스피치 차례가 끝났다고 해서 후다닥 뛰어 들어가거나 다시 우왕좌왕하면 안 된다. 의자에 엉덩이를 붙여야 비로소 그때 내 스피치가 끝나는 것이다.

어느 날 목소리 떨림 현상 때문에 음성치료를 목적으로 D가 상담을 요청했다. "병원에 가서 목소리에 관련한 검사도 다 했어요. 성대나 목 주위 근육들도 다 정상이래요. 아무 문제가 없다는데 왜 이러는지 모르겠어요." D는 여고생이다. 학급 부반장 역할도 잘 해낼 만큼 성격이 활발하다. 뭐든지 잘 해내려는 의욕도 높다. 하지만 목소리 문제에 대한 원인과 해결책을 몰라 점점 자신감을 잃어가고 있다고 호소했다. 원인이 될 만한 요소를 찾기 위해 히스토리를 함께 살폈다. 그러던 중 D가 말했다.

"예전부터 생각했던 건데요. 제가 초등학교 때 장난이 심했거든요. 그날도 친구와 장난을 좀 심하게 치다가 선생님께 혼이 났어요. 그 벌로 국어 시간에 일어나서 책 읽기를 계속해야만 했어요. 처음에는 잘 못 느꼈는데 계속하다 보니 부끄럽고 수치스러운 기분이 들었어요. 그 후로부터 말을 할 때 목소리가 자꾸 떨렸던 것 같아요."

D의 말을 들은 나는 목표를 잘 설정해야겠다고 생각했다.

"우리의 목표는 아나운서처럼 말하기가 아니야. 지금의 목소리 떨림 현상은 의학적으로 해결이 안 된다는 것이 확인됐어. 그렇다면 심리적인 것과 실제 트레이닝으로 최대한의 개선을 목표로 잡아야 해. 목소리 떨림 현상을 완전하게 제거하기를 목표로 두지 말자는 거야."

D는 나의 말을 듣더니 수긍했다. 최대한 조심스럽게 이야기했지만, 사춘기 여고생의 마음을 조금이나마 다치게 할까 봐 내심 걱정이 됐다. 그 와중에 내 눈에 D의 쌍꺼풀이 보였다. 진짜 쌍꺼풀이 아닌 쌍꺼풀 액으로 인위적으로 만든 예쁜 눈이었다. 나 또한, 여고 시절에 쌍꺼풀 테이프를 이용해 조금이라도 큰 눈을 가지고자 했던 때가 있었다. 친구들끼리 쌍꺼풀 테이프

가 제대로 붙었는지 삐뚤어졌는지 서로 확인도 해줬다. D의 모습을 보니 마치 내가 다시 여고생으로 돌아간 것 같은 기분이었다. 그때 아이디어가 번뜩 떠올랐다.

"D! 우리 쉽게 생각하자. 어렵다고 생각하면 어렵고 쉽다고 생각하면 한 발자국씩 나가기 쉽거든. 요즘 학생들 다 화장하더라? 너도 하지? 오늘 너랑 나랑은 강력한 선크림을 바르는 거야. 선크림 안 바르고 다니면 어떻게 되는지 알지? 얼굴 완전 새카맣게 타잖아. 선크림으로 무장해야 햇빛이 들어와도 안심이 되지. 목소리 좀 떨리면 어때! 너의 목소리에 대해서 불편한 시선 주는 사람 있을 수 있어. 하지만 뭐 그게 어때서? 너는 이렇게 노력하고 있잖아. 문제점을 개선하기 위해 노력하는 사람이 나쁘니, 불편한 시선 주는 사람이 나쁘니? 넌 잘못한 거 없고 오히려 너를 자랑스럽게 생각해야 해. 좌절하지 않고 포기하지 않고 고치려고 이렇게 나를 찾아왔잖아. 행동하고 실행하는 사람이 결국에는 이기는 거야. 그리고 혹시 아니? 목소리 떨리는 거. 그거 우리가 완전히 제거할 수 있을지도 몰라!"

D는 수줍게 웃었지만, 그 웃음이 나를 더 힘이 나게 했다. 그날로 우리는 D의 얼굴을 함께 화장하기 시작했다. 복식호흡과 복식발성으로 기존의 흉식호흡과 잘못된 발성을 깨끗하게 씻어냈다. 스킨과 에센스로 피부를 정돈하듯이 마음을 정돈했다. 다음은 로션과 수분 크림을 듬뿍 바르듯 내가 보이는 시범을 여러 번 집중해서 잘 보고 듣게 했다. 그리고 D에게 가장 중요한 마인

드 컨트롤에 해당하는 선크림은 매시간 강력하게 자주 발랐다. 에어쿠션으로 얼굴 전체를 골고루 두드리며 수업목표를 뚜렷하게 상기했다. 아이라인과 마스카라 대신 우리는 예쁜 쌍꺼풀을 만들었다. 강조해야 할 부분, 끊어야 할 부분, 억양을 올려야 하는 곳, 억양을 내려야 하는 곳 등 세부적인 부분까지 들어갔다. 누구보다도 예쁜 눈으로 화장했다. 수업의 후반부는 립 틴트다. '이렇게 열심히 연습한 것들은 다 부질없다, 개선은 될까?'라는 의심을 하지 않도록 마지막까지 긍정적 의식을 잡았다.

D는 대구에서 한 시간 거리인 대구 근교에서 왔다 갔다 하며 열심히 수업을 받았다. 매주 수업을 받기에는 부담스러운 거리이기에 2주에 한 번 두 시간씩 수업을 받았다. 그렇게 한 달이 지나고 다시 만난 D에게 놀라운 변화가 일어났다. 수업 초반에는 10번 이상의 목소리 떨림 현상이 있었지만 한 달 만에 2번의 빈도로 확 낮아진 것이다.

"선생님! 저번 주에 학교에서 발표하는데 정말 대박이었다니까요! 저 목소리 왜 이렇게 안 떨려요? 저 왜 이래요?"

한껏 상기된 얼굴로 나를 보며 기뻐하는 D를 보니 눈물이 날 것 같았다. 그동안 마음고생했을 여고생 D가 그 순간만큼은 어찌나 명랑한지, 기뻐하는 D를 보며 벅차올랐던 그때의 감정은 말로 표현할 수가 없다. 상대를 내 편으로 만들기 위한 준비 첫 번째. 스피치의 화장이다.

상대방의 말을
적극적으로 경청하라

"넌 방청객 알바해라. 너한테 딱이다."

텔레비전을 같이 보던 친구가 나에게 말했다. 실제 그 자리에 있는 방청객 같다며 텔레비전인데 무슨 호응을 그렇게 하면서 보냐며 웃었다. 그리고 또 말했다. "넌 호응을 참 잘하더라."

호응을 잘한다는 것은 상대의 말을 잘 듣고 있다는 표현이다. 상대의 말을 귀 기울여 진심으로 잘 듣고는 있지만, 표현하지 않는다면 어떨까? 아마 상대는 '저 사람이 내 말을 듣고 있나? 내 이야기에 별로 관심이 없나?'라고 오해할 수 있다. 사람은 말을 할 때 상대의 행동반응에 주의를 기울이는 능력이 있다. 상대가 내 말을 잘 듣고 있지 않다고 생각되면 대화의 주제를 바꿀 확률이 높다. 말하는 사람에게 '당신 이야기를 잘 듣고 있습니다.'라는 메시지를 줘야 한다. 그것이 언어적이든 비언어적이든 적절하게 표현해야 한다. 듣는 사람이 말하는 사람에게 잘 듣고 있다는 메시지를 적절하게 주는 것이 바로 '경청'이다.

언어적인 경청은 "음", "그렇죠" 등과 같은 것이다. 비언어적 경청은 눈 맞춤, 끄덕임, 다리를 떤다든지 하는 행동 하지 않기, 적당한 공간거리 등이 이에 해당한다.

전화 상황을 생각해보자. 상대방이 이야기할 때 적당하게 "응", "그렇구나." 등의 표현을 하지 않으면 "여보세요?", "전화가 끊긴 줄 알았어."의 말을 듣게 된다. 반대로 상대방이 내 앞에서 이야기하는데 내가 심하게 다리를 떨면 산만한 분위기가 된다. 이렇듯 상황에 따라 언어적, 비언어적 표현을 해야 상대가 내 말에 경청하고 있다는 것을 알 수 있다.

"오늘 엘리베이터 타고 내려왔는데 휴대폰을 안 갖고 온 거야. 다시 집으로 올라가서 갖고 내려왔어. 그런데 지갑을 또 안 가지고 왔네? 집에 다시 올라갔어. 혹시나 또 빠뜨린 물건이 없나 싶어서 잠시 생각했는데 없더라고. 그래서 다시 내려왔거든? 오 마이 갓! 비 오는데 우산을 안 갖고 왔잖아! 나 진짜 건망증 완전 심하지? 하하하."

들고 있던 남편은 내 말이 다 끝나고 나서야 약간 웃었다. 나는 순간 기분이 확 상해서 쏘아붙였다. "그게 다야?" 목소리가 달라진 나를 보고 남편이 당황하며 말했다. "응?" 내가 다시 말했다. "그게 다냐고. 내 말 똑바로 들었냐고." 이어진 남편의 대답이 황당하다. "잘 듣고 있었는데 왜 그래?"

남편의 말은 틀리지 않았다. 남편은 진짜 내 말을 잘 들었는데 나는 왜 기분이 상했을까?

경청하지 않기 때문이다. 언어적, 비언어적 행동을 해야 경청이다. 잘 듣고 있는 것이 경청이라고 오해하면 안 된다.

힐과 오브라이언(Hill & O' Brian, 1999)은 비언어적 반응의 강력한 영향력에 대해 알 수 있는 재미있는 실험을 했다. 학생들이 교수가 오른쪽으로 움직일 때마다 위를 쳐다보고 높은 관심을 보이고 격려하는 웃음을 보였다. 반대로 교수가 왼쪽으로 움직일 때마다 아래를 내려다보고 종이에 낙서하고 기침을 하거나 속삭였다. 교수는 오른쪽으로 계속 움직였다. 결국, 단상에서 떨어지게 됐다.

『마음을 변화시키는 대화 상담면접의 기초』의 저자 김 환, 이장호는 경청에 대해 이렇게 말한다. "경청과 무반응은 다르다는 점을 알아야 한다. 내담자의 말에 아무런 반응을 보이지 않는 것은 내담자를 무시하는 것이다."

남편은 나의 이야기를 잘 듣고 있었지만 내가 화가 난 이유가 바로 여기에 있다. 언어적, 비언어적 행동을 하지 않은 남편에게 무시당했다고 느꼈기 때문이다. 남편이 제대로 경청을 하지 않아서 소통이 끊어졌다.

이제 막 말을 배우기 시작하는 아기들을 생각해보자. "엄마, 우유."라고 한마디 하면 아기의 엄마는 격한 반응을 보인다. 다른 일을 하다가도 눈을 마주치고 머리도 쓰다듬으며 "아이고 우리 아기! 우유? 우유줄까?" 하면서 바로 우유를 내어준다. 이러한 엄마의 반응으로 아기는 '엄마의 눈을 보고 내가 원하는 걸 말하면 바로 얻을 수 있구나!'라는 것을 깨닫는다. 엄마의 반응으로 아이가 인간으로서 말을 해야 할 필요성을 느끼게 되는 것이다. 이후부터 아기의 언어는 폭발적으로 발달한다. 만약 아기가 "엄마, 우유."라고 말했지만, 엄마가 즉각적으로 반응하지 않는다면 어떻게 될까? 아기는 무시당한 기분을 느끼게 된다. 무시당한 기분이 반복되면 더 이상 엄마를 부르지 않게 된다. 원하는 것이 있어도 요구하지 않거나 울며 떼쓰는 방법을 택하게 된다. 따라서 언어발달 속도가 느려질 것이며 결국, 소통이 원활하지 않게 된다.

오랜 언어치료 임상경력으로 많은 어머니를 만났다. 아이의 언어발달에 대한 상담이라는 특징 때문에 어머니들은 나의 말을 적극적으로 경청한다. 하지만 간혹 '내가 말을 잘못하고 있나? 실수가 되는 말이라도 한 건가?'라는 오해를 할 만한 상황도 있다. 지금은 그 상황을 잘 넘기지만 초반에는 적지 않게 당황스러웠으며 오해도 했다.

"오늘 I가 드디어 /ㅅ/ 소리내기 성공했어요. 어머니! 이제 /ㅅ/으로 시작하는 단어로 발음 연습 시작해도 되겠어요!"

"네…"

무미건조한 대답이 돌아오자 나는 한 번 더 강조했다.

"어머니! 그 전 시간에는 /ㅅ/ 소리내기 연습 열심히 했는데도 성공하지 못해서 많이 아쉬웠어요. 그런데 오늘 딱! 성공했답니다!"

"네. 그렇군요."

'별로 안 기쁜가? 나만 기쁜가? 겨우 이런 걸로 호들갑이라 생각하나?'

결국, 더 이상 상담을 이어갈 수가 없었다. 상담을 더 이어갈 수 있는 자신감이 없어졌기 때문이다. 아이가 잘한 부분에 대해서 칭찬할 것들이 더 있었다. 하지만 상대의 부적절한 언어적, 비언어적 행동으로 말할 자신감을 잃었다. 경력이 쌓인 후에는 나쁜 의도가 아니라 그저 '낯을 많이 가려서, 바쁜 일 때문에 빨리 나가봐야 해서'라는 이유 등 당연히 그럴 수 있다는 것을 안다. 하지만 상대에 대한 아무런 정보가 없는 상황에서 내 말에 경청하지 않는 사람과 기분 좋은 소통을 유지하기란 불가능하다.

아이들과 스피치 수업을 진행할 때 내가 가장 강조하는 것이 바로 경청이다. 내가 스피치할 때 집중하는 것은 중요하다. 하지만 그것만큼 중요한 것이 바로 다른 사람의 스피치를 경청하는 것이다. 나의 스피치 순서가 끝났다고 해서 의자에 구부정하게 앉아 있으면 안 된다. 시선은 스피치하는 사람에게 둬야 하며 다리를 떨거나 물건을 만지작거리며 달그락 소리를 내지 않도록 해야 한다. 이제 아이들은 자동으로 대답한다. 내가 "스피치를 잘하려면!"이라고 하면 아이들은 "잘 들어야 한다!"라고 외친다. 현대의 아이들이 여러 가지 사회적인 요인들로 경청할 기회가 점점 줄어들고 있다. 휴대폰 게임을 하느라 부모가 불러도 부른 줄도 모른다. 질문을 던지면 휴대폰 게임을 하면서 대충 대답해 버린다. 건넛방에서 부르면 오지 않고 대답만 "네" 한다. 경청이 무엇인지, 경청을 왜 해야 하는지, 경청을 어떻게 하는 것인지 배울 기회가 점점 줄어들고 있다. 경청의 마음이 빠진 상태에서는 원만한 소통이 불가능하다.

스피치를 배우기 시작했을 때 또 하나 놀라운 점이 있었다. 스피치를 배우기 위해 모인 수강생들이 모두 적극적으로 경청하는 모습이 인상 깊었다. 사람은 말할 때 상대의 행동반응에 주의를 기울이는 능력이 있다. 그러므로 내 스피치에 경청하는 상대를 보면 내 스피치를 마지막까지 잘 이어갈 수 있다. 수강생들 모두 적극적인 경청으로 상대를 내 편으로 만들었다. 만약 내가 스피치하는데 다른 수강생들이 경청하지 않는다면 어떤 기분일까? 그렇게 나는 우리 반 수강생들의 경청하는 모습에 또 하나 중요한 깨달음을 얻게 됐다. '상대의 말에는 적극적으로 경청해야 하는구나. 그것이 바로 올바른 소통을 위한 기본 예의다.'라는 것을 알았다.

이렇듯 경청은 인간관계 소통의 기본이다. 상대를 내 편으로 만들고 싶은가? 경청하자. 아주 적극적으로.

공감을 부르는
단어를 사용하라

"오늘 병원에서 진단명을 끝내 받고야 말았네요. 내 아이가 자폐래요. 모르고 있었던 건 아니지만 의사 입에서 자폐라는 단어를 들으니 마음이 무너지네요. 이제는 편하게 만났던 친구들도 못 만나겠어요. 다들 공감하는 육아 이야기도 저는 이제 공감이 덜 되는 거죠. 제 아이 이야기 꺼내면 괜히 우울한 분위기로 만드는 것 같아서 꺼려져요. 다시 마음을 다잡아야 하는데… 힘드네요. 어디 이야기할 데도 없어요. 누가 이런 제 마음을 알까요? 괜히 바쁘신 선생님께 털어놓네요. 죄송해요. 선생님…"

최근에 R은 자폐 진단을 받았다. R의 어머니는 많이 힘들어했다. 이야기를 듣고 난 후 내가 말했다.

"죄송하긴요. 그런 말씀 마세요. 그리고 어머니 말씀대로 만

나는 사람이 점점 적어지게 된다고 하더라고요. 괜히 내가 심각한 분위기 만드는 것 같아서 내 이야기는 안 하게 되고, 다른 사람 분위기 맞춰주기만 하는 그런 것 말이죠."

R의 어머니는 깜짝 놀라며 격하게 반응했다.

"네! 맞아요! 선생님 어떻게 아세요?"

"저도 가까운 가족 중 발달장애인이 있어요. 발달장애 아이를 키우면서 겪을 수 있는 이런저런 이야기를 자주 들었거든요. 지금도 종종 이야기 많이 해요. 그래서 백 퍼센트 제가 감히 다 알지는 못하지만 지금 어머님 마음이 어떨지 헤아려져요."

내 말이 끝나자 R의 어머니는 속에 있는 이야기들을 많이 했다. 나는 경청했다. 이야기를 듣는 동안 경청의 표현인 언어적, 비언어적 행동을 했다. 마지막에 나는 말했다.

"선생님 바쁘신데 괜히 내가 이런 이야기 해서 어쩌나 하는 마음 절대로 갖지 마세요. 저한테 이야기하지 그럼 어디 가서 이야기하나요. 저한테는 진짜로 절대로 그런 마음 안 가지셔도 됩니다."

"네. 선생님 정말 감사해요."

R의 어머니와의 사례처럼 아이를 키우는 부모에게 적극적으로 공감해야 할 때가 있다. 언어치료사로 일한 지 얼마 안 됐을 때는 이 부분이 가장 어려웠다. 정말로 공감이 되지 않았기 때문이다. 결혼도 하지 않았고 아이도 낳기 전이었다. 간접 경험

이라도 했으면 좋았으련만 친구들은 모두 미혼이다. 그래서 당연히 육아의 고충에 대해 간접 경험할 수도 없었다. 하지만 이제는 결혼생활과 육아의 고충을 직접 경험으로 잘 안다. 그러나 발달장애 아이를 키우는 부모로서의 직접경험은 한 적이 없다. 여기에서 우리는 앞서 직접 경험만큼 중요한 것이 바로 간접 경험이라고 한 것을 기억해야 할 필요가 있다. 가까운 가족이 발달이 느린 아이를 키우며 겪는 일들을 많이 들었다. 이런 이야기를 들을 때마다 내가 아이의 발달과 관련한 일을 한다고 해서 절대 그것에 대해 다 안다고 자만하면 안 된다는 것을 깨달았다. R의 어머니께 공감의 말을 할 수 있었던 이유는 발달이 느린 아이를 키우는 가까운 가족을 봤기 때문이다. 간접 경험에서 비롯한 것이다. 가족에게 고충을 들을 때마다 매우 경청했다. 이야기를 들으면 들을수록 '40분의 수업 시간을 허투루 쓰면 절대 안 되는 거야.'라고 생각했다.

그런데 나의 이 다짐을 상대에게 어떻게 전달할 수 있을까? 어떻게 전달해야 상대의 마음을 활짝 열 수 있을까? 바로 '공감을 부르는 단어 사용'이다.

나는 '우울한'을 '심각한'으로 바꿔서 말했다. 겉으로 드러나는 글자 모양은 다르지만, 뜻은 크게 다르지 않다. '심각한'이라는 한 개의 단어로 R의 어머니 마음을 활짝 열었다. 우울하고 심각함에 빠진 자신의 정서를 표현하는 공감의 단어인 것이었다.

스피치를 배우면서 '내가 표현하고자 하는 내용을 어떤 단어를 사용해야 가장 효과적일까?'를 많이 생각했다. 이것은 '어떤 단어를 사용해야 사람들이 내 스피치에 가장 공감을 할까?'와 같다. 늘 '좀 더 효과적인 단어 사용'을 생각하다 보니 실제 상담에서도 빛을 발했다. R의 어머니 말에 고개를 끄덕이고 "네.", "힘드시겠어요."와 같은 반응만 했다면 어땠을까? 아마 어렵게 말을 꺼낸 R의 어머니는 공감받지 못했다는 생각에 또 다시 상처를 받았을 것이다. 이처럼 공감을 부르는 단어 사용은 상대의 마음을 연다.

"나 때는 말이야."

공감받지 못했던 예전 어른들의 "나 때"가 요즘엔 아주 인기다. 전혀 공감되지 않았던 어른들의 "나 때"가 지금 와서 왜 높은 인기를 끄는 걸까?

그 이유는 어른들의 "나 때는 말이야."를 들었던 아이가 자라 지금의 어른이 됐기 때문이다. 어른이 돼보니 그 시절 어른들이 "나 때는 말이야."로 말을 시작한 이유에 공감하게 된 것이다. 그것에 유머를 섞어 커피를 좋아하는 우리 세대를 접목했다. 그래서 만들어진 것이 바로 "라떼는 말이야."이다.

"라떼는 말이야. 손가락 아파 호호 불어가며 종이 인형 자르

고 놀았지. 너희가 한 장에 50원짜리 종이 인형의 재미를 알
아?"

"라떼는 말이야. 군데리아 햄버거를 먹어가며 3년을 버텼지.
너희가 3년간의 군대 생활을 알아?"

"라떼는 말이야. 친구 집 전화번호 외우기 20개는 기본이었
지. 요즘 너희들 엄마 아빠 휴대폰 번호는 외우냐?"

이렇듯 "나 때는 말이야"의 공감되는 짧은 한마디가 많은 사
람의 마음을 활짝 열었다. 사람의 정서적 거리는 공감으로 크게
좁혀질 수 있다. 같은 공감대 안에서의 소통은 높은 유대감을
형성한다. 함께 공감하고 그 안에서 함께 소통하고 유대감을 형
성하는 경험은 삶에서 빠져서는 안 된다.

그렇다면 여기에서 또 하나 생각해 볼 점이 있다. 요즘 사람
들은 공감 능력이 부족하다고들 한다. 어른들의 공감 능력이 부
족하니 당연히 자라나는 아이들에게 공감 능력을 가르쳐 주기
도 어렵다. 우리가 배운 그대로 지금의 아이들에게 "나 때는 말
이야."를 대물림하고 있다. 한동안 아이들이 음식을 너무 아
무렇지도 않게 남길 때가 있었다. 물론 먹고 싶은 것이 있으면
"엄마, 오늘 국수 먹고 싶어요. 국수 해 주세요."라든지 "엄마,
오늘 초코 우유 사 주세요. 집에 흰 우유만 있어요."와 같은 요
구는 할 수 있다. 하지만 평소에 잘 먹던 호박이었더라도 그날
은 국수에 들어간 호박이 싫다며 남겼다. 그리고 먹고 싶다던

초코 우유는 사다 줬더니 반만 마시고 식탁 위에 그대로 뒀다. 그런 아이들의 모습을 보고 "나 때는 말이야."를 할 수는 없었다. 어차피 공감하지도 못할뿐더러 서로 기분만 나빠질 것이 뻔한 일이기 때문이다. 정말 목구멍 밖으로 "아프리카 애들은 제대로 된 밥도 못 먹고 귀한 목숨 잃어 가는데! 음식 아까운 줄 모르고 뭐 하는 짓이야!" 하며 소리치고 싶었다. 왜냐하면, 정말 '나 때'에 음식 남기면 '아프리카 아이들'이 꼭 단골손님으로 등장했기 때문이다. '어떻게 하면 효과적으로 가난한 나라의 식량부족에 대해 공감할 수 있게 될까? 그것을 음식 남기는 버릇 고치기로 어떻게 연결할 수 있을까?' 며칠 곰곰이 생각하고 결정을 내렸다. 바로 후원을 통해 어려운 상황에 놓인 사람의 환경에 자연스럽게 공감할 수 있도록 했다. 우리가 마시는 물, 아무렇게나 남기는 음식, 마음에 들지 않는다고 입지 않는 옷과 같은 것들, 우리 주변에 있는 모든 사물과 환경이 얼마나 감사한 것인지 선한 일을 통해서 깨닫게 했다. 그렇게 기부를 통한 공감하기 훈련은 "나 때는 말이야."를 하지 않고 서로 감정이 상하지 않은 상태에서 지금까지도 잘 배워가고 있다. 며칠 전에는 큰아이가 자신이 후원하는 Y의 사진을 보며 나에게 이런 말을 했다. "엄마, 나중에 우리 막내가 중학생이 되면 Y한테 가자! 중학생이 되면 비행기 타고 멀리 갈 수 있잖아. 그치? Y랑 Y동생들이 잘 자라고 있는지 우리 직접 보고 오자. 응?" 나는 딸에게 바로 대답했다. "그래! 간절히 원하면 이루어진다! 우리 꼭 Y 보러 가자!"

스피치를 배우면서 늘 생각하던 '적절한 단어로 공감 불러일으키기'가 많은 변화를 가져다줬다. R의 어머니와 진심 어린 상담이 가능했던 것, '라떼는 말이야'가 왜 인기가 있는지도, 공감을 불러일으키기 위해서는 공감이 무엇인지부터 알아야 한다는 것도 알게 됐다. 내가 공감받기 위해서는 상대에게 먼저 공감해야 한다는 것도 알았다. 그것이 나뿐만 아니라 아이들의 선한 행동으로까지 이어졌다. 상대를 내 편으로 만들고 싶은가? 그렇다면 상대를 온 마음 다해 공감하자. 공감하는 마음이 곧 공감을 부르는 단어 사용으로 이어지게 한다.

말의 처음과 끝을
자신 있게 하라

"엄마가 하루 용돈을 매일 100원씩 주셨어. 그런데 어느 날 200원으로 용돈을 올려주셨어. 어때? 완전 신나겠지?"

"아뇨!"

"응? 엄마가 용돈을 올려주셨는데 신나지 않아?"

"저는 하루에 십만 원씩 받으면 진짜 신날 것 같아요! 왜냐하면, 슬라임도 사고 맛있는 것도 사고 장난감도 왕창 살 수 있잖아요. 그러니까 십만 원으로 받으면 완전 신날 것 같아요 선생님!"

"와! 대단하다! 갑자기 선생님도 막 신이 난다!"

'신나다'라는 감정에 대해 이야기 하면서 I와 나눈 대화다. I는 항상 자신감에 차 있는 귀여운 여자아이다. 내 질문에 대답을 잘 못하겠다는 생각이 들어도 "그건 저도 잘 모르겠어요!"하고 자신 있게 말한다. I와 이야기하면 I의 이야기에 빠져들게 된다.

"선생님! 제가 오늘 선생님 만나러 오면서 너무 배고팠거든요? 그래서 엄마한테 꽈배기를 사달라고 해서 먹었는데 엄청 맛있었어요! 그래서 다음에 선생님한테도 사줄 건데 괜찮죠?"

"오! I가 사주는 꽈배기는 어떤 맛일까? 기대된다!"

"당연히 제가 사주는 거니까 맛있죠!"

자신감에 차 있는 I의 말에는 항상 힘이 실려 있다. 어른들이 다른 이야기를 하다가도 I가 말을 시작하면 집중하게 되는 이유는 뭘까? 바로 말의 처음부터 마지막 마무리까지 자신감을 잃지 않기 때문이다. 자신감 있는 말의 처음과 끝은 알아듣기가 쉽다. 술술 잘 들려서 집중이 잘 된다.

전공과 학생들의 스피치 강의를 맡은 적이 있다. 전공과란 발달장애인 취업과 관련한 프로그램을 진행하는 교육을 말한다. 전공과에 소속돼있는 학생의 나이, 장애 정도는 다양하다. 꾸준한 교육으로 취업에 성공하는 학생들이 많다. 하지만 취업 후 여러 가지 원인으로 다시 전공과 수업으로 돌아오는 학생들도 있다. 그래서 자신감이 낮고 자신을 드러내고 표현하는 것을 달

가워하지 않는 경우가 많다. 이번 전공과 수업에서 만난 V는 키가 아주 크고 장난기가 있는 유쾌한 학생이다. 먼저 V에게 자기소개를 요구했다. 그랬더니 웬걸. 장난기 있는 유쾌한 모습은 사라지고 들릴 듯 말 듯한 목소리에 끝인사 "감사합니다."라는 말은 거의 얼버무리고 후다닥 자리로 들어가 버리는 것이었다. 다른 학생들도 거의 비슷했다. 먼저 복식호흡, 복식발성, 자세를 교정했다. 그리고는 게임을 진행했다.

"지금부터 어려운 발음 게임을 할 거야. 처음이니까 쉬운 단계부터 하겠어! 되게 재미있을걸!"

V와 다른 학생들 모두 어려운 발음 문장을 틀리지 않게 읽으려고 애썼다. 틀리면 모두 깔깔깔 웃으며 '이번에는 꼭 틀리지 않으리!'라는 마음으로 본인들의 순서를 기다렸다. 학생들 모두 "간장공장공장장은 강공장장이고 된장공장공장장은 공공장장이다."와 같은 문장을 틀리지 않고 끝까지 읽으려고 노력했다. 동시에 새로운 도전에 대한 재미도 만끽했다. 특히 V가 게임이 진행될수록 매우 흥미로워하며 활동들을 잘 수행했다. 점점 난이도를 높였지만 모두 중도 포기하지 않고 끝까지 읽어냈다. 드디어 마지막 최고 난이도 "스위스에서 온 스미스씨 이야기" 차례가 되자 학생들 모두 박장대소했다.

<스위스에서 온 스미스씨 이야기>
난이도 ★★★★★

스위스에서 산새들이 속삭이는 산림 숲속에서 숫사슴을 살살이 수색해 식사하고
산 속 샘물로 세수하며 사는 삼심 삼살 삼쌍둥이 미세스 스미스 씨와 미스터 심스 씨는
샘 속 설립 사장의 회사 자산 상속자인 사촌의 사돈 김상속 씨의 숫기 있고 숭글숭글한 숫색시
샘 속 소속 식산업 종사자 김삼솔 씨를 만나서 샘 속 수산물 운송 수송 수색 실장에게 스위스에서
수사슴을 살살이 수색했던 것을 인정받아 스위스 수산물 운송 수송 과정에서 상해 삭힌 냄새가
나는 수산물을 수색해내는 샘송 소속 수산물 운송 수송 수색 사원이 되기 위해 살신성인으로
쉴새없이 수색하다 산성수에 손이 산화되어 수술실에서 수술하게 됐다는데 쉽사리 수술이 잘 안되서
심신에 좋은 산삼을 달여 추르릅 들이켰더니 힘이 샘솟아 다시 몸을 사려 수색하다 샘송 소속 식산업
종사자 김산슬 씨와 셋이서 삼삼오오 삼월 삼십 삼일 세시 삼십 삼분 삼십 삼초에 쉰 세살 김식사 씨네
시내 스시식당에 식사하러 가서 싱싱한 샥스핀 스시와 삼색샤시 참치스시를 살사소스와
슥슥 삭삭 살살이 비빈 것과 스위스산 소세지를 샤샤샥 쌀쌀하 입속에 쑤셔 넣어 살며시 삼키고
스산한 세벽 세시 삼십 삼분 삼십 삼초에 산림 숲속으로 사라졌다는 스위스에서 온 스미스씨의 이야기

  학생들 모두 눈에 불을 켜고 읽어 내려갔다. 중간에 틀리기라
도 하면 나와 다른 학생들이 다시 응원했다. "할 수 있어! 괜찮
아! 다시 도전! 처음부터 끝까지 자신감 있게!"라고 외치며 용
기를 북돋웠다. V를 비롯해 4명 모두 포기하지 않았다. 학생들
은 실패의 경험이 성공을 위한 과정이라는 것을 스피치 수업을
통해 자연스럽게 배웠다. 게임이 끝나고 '나의 자기소개 – 전
과 후' 확인을 위해 다시 자기소개를 했다. V가 놀라운 변화를
보였다. 인사부터 시작해서 말의 처음부터 끝까지 자신감 있게
마무리했다. V는 내게 '자신감의 중요성'을 다시 한번 톡톡히
알게 해줬다. 자기소개 전과 후 비교 영상을 학생들과 함께 보
며 소감을 말하도록 했다. 학생들의 표정에서 이미 뿌듯함과 높

아진 자신감이 보였다.

"말의 처음과 끝마무리까지 자신감으로! 확실히 알았지? 앞으로 취업면접도 포기하지 않고 자신감을 가지고 도전하길 바라!"

나는 V의 자신감 있는 스피치로 면접관을 V의 편으로 만들 수 있길 기도했다.

인생지도를 아는가? I의 자신감 있는 말투, V의 변화를 보며 인생지도에 대해 다시 생각해보게 됐다. 대니얼 고틀립은『샘에게 보내는 편지』에서 이렇게 말한다.

"한 사람의 인생지도는 그 사람이 가지고 있는 인생에 대한 관점이다. 그 안에는 다른 사람에 대한 관점도 들어 있다. 인생지도를 대체로 부모로부터 물려받게 되는데, 차츰 성장하면서 가족과 학교, 지역사회에서 받아들인 믿음이나 자기 경험을 통해 수정하고 보완하는 과정을 거친다. 종교적 영향을 받기도 한다."

어떤 사람의 인생지도는 '세상은 사람을 쉽게 믿을 수 없는 곳이다.'일 수도 있고, 또 다른 사람의 인생 지도는 '세상은 아직 풀지 않은 선물이 가득한 곳이다.'일 수도 있다. I의 인생지도가 어떨지 생각해봤다. 아마도 '세상은 재미있는 일들로 가득차 있어.'일 것 같다. R의 인생지도를 생각해봤다. '세상은 나를 시험하려고 하는 만만찮은 곳이야.'이지 않았을까? 내 예상이 맞는다면 I는 지금의 인생지도를 잘 움켜쥐고 세상을 살아가길 바란다. R은 스피치 수업으로 경험한 성취감으로 인생지도를 새롭게 그려나가길 바라는 마음이다.

나의 인생지도는 스피치를 배우기 전과 후가 180도 다르다. "행운은 나에게만 비껴가는 세상"에서 "세상은 성공을 위한 실패와 도전을 가르치는 곳, 결국 인생은 나의 편."으로 바뀌었다. 스피치로 인생지도가 바뀌면서 자신감이 생겼다. 자신감이 생기니 당연히 말투에 긍정적인 영향을 주었고 인간관계가 훨씬 더 원만해졌다. 결국, 자신감 있는 말투는 내 마음의 자신감에서 먼저 비롯된다는 것을 알았다. "나 자신에 대한 자신감을 잃으면, 온 세상이 나의 적이 된다."라고 한 랄프 왈도 에머슨의 명언을 기억하자. 자신감의 정도가 세상을, 그리고 상대를 내 편으로 만들기도 하고 적으로 만들기도 한다.

자! 이제부터 자신의 인생지도를 생각해보자. 지금의 인생지도가 긍정적이지 않아도 괜찮다. 얼마든지 내가 원하는 대로 다시 그릴 수 있기 때문이다. 앞으로 나의 인생지도를 어떻게 그리고 싶은가? 인생지도를 어떻게 그리느냐에 따라 마음가짐이 달라질 것이다. 지금 바로 내가 원하는 인생지도를 그려가며 도전하고 성공하는 과정을 상상해보자. 어느 순간 자신의 말투에도 자신감이 더해질 것이다. 자신 있는 말투로 상대도 내 편, 인생도 내 편으로 만들자!

불필요한
습관어를 없애라

대학 후배들을 위해 처음으로 대학 강단에 서야 할 때였다. 대본을 준비해서 계속 연습했다. 그리고 영상으로 내 모습을 확인했다. 확인하다 보니 내가 불필요한 습관어를 사용한다는 것을 알게 됐다. 말 중간마다 "습-"하는 소리를 낸다든지, "이제"라는 단어를 많이 사용했다.

"이제 맑고 힘이 있으며, 전달력 있는 음성을 내기 위한 노력을 꾸준히 하시길 바랍니다. 습- 목소리 굉장히 중요합니다. 자, 이제… 음성장애 과목 다 들으셨죠? 습- 음성장애를 치료하는 언어재활사가 음성이 좋지 않다면? 어떠시겠어요? 습-신뢰가 가나요? 자, 이제 여러분들은 전문직업인입니다. 습-

실제로 이런 경우가 있어요. 이제… 어떤 재활사는 목소리가 엄~청 크세요. 막 방 밖에 대기실까지 쩌렁쩌렁합니다. 습- 좋은 걸까요? 이제… 또 다른 재활사는 목소리가 작아서 저 선생님 지금 수업을 하고 있나? 또는 치료에 대한 자신이 없는 건가? 그리고 의욕이 없어 보인다. 라는 평가를 받기도 합니다. 습- 모두 이것은 다 실제입니다."

나의 습관어 발견은 정말 놀라웠다. '무의식중에 사용하는 습관어가 이렇게 귀에 거슬릴 줄이야!' 땡볕에 서서 "에-"가 많이 들어가는 교장선생님의 훈화 말씀보다 듣기가 더 힘들었다.

작년 가을 오랜 고민 끝에 치아교정을 시작했다. 원래는 꽤 가지런한 치아였지만 셋째 출산 이후 치열들이 눈에 띄게 틀어졌다. 2년 정도의 치아교정 기간과 비용이 부담스러웠지만 결국 하기로 결심했다. 왜냐하면 '나도 가지런한 이로 다시 활짝 웃고 싶다'라는 생각이 떠나지 않았기 때문이다. 사람을 만나면 상대방의 이만 눈에 꽂혀 바라보는 일이 너무 많았다. 내 머릿속은 '가지런한 이'로 가득해 상대의 이만 눈에 보였고 뼈를 움직여서라도 바로 잡고 싶다는 마음이 컸다. 결국, 치아들을 가지런하게 만들었다. 내가 이런 이야기를 하면 "맞아! 원래 하나에 꽂히면 그것만 보이잖아!" 하며 상대는 크게 공감한다.

뭔가에 하나 꽂히면 그것만 보고 달리는 사람이 있다. 바로 내가 그렇다. 집에 있다가도 옷장 정리에 꽂히면 하던 일을 멈추고 옷장에 있는 옷을 다 꺼내 정리를 끝마치고 만다. '피아노 레슨을 받고 싶다!' 하면 없는 시간도 쪼개어 레슨을 받으러 가야 한다. '블로그 운영에 대해 자세히 알아야겠다!' 하면 또 없는 시간을 쪼개어 배움터로 간다. '글을 써서 작가로 이름을 올려야겠다!' 하면 작가가 돼야 한다.

이번에는 습관어다. 연습 영상을 보던 중에 발견한 나의 '습관어와의 결별'에 꽂힌 것이다. 다시 강의 리허설 영상을 촬영했다. 이미 강의 대본은 다 외운 터라 습관어만 바짝 신경 쓰면 됐다. 처음에는 "습-"을 나도 모르게 했다. 촬영을 멈추고 다시 녹화했다. 나도 모르게 "습-"소리를 내거나 "자… 이제"가 튀어나오면 그 즉시 촬영을 멈췄다. 그리곤 다시 녹화버튼을 누르고, 또 다시 멈추고 녹화버튼을 누르는 과정을 반복했다. 그랬더니 이제는 머릿속에서 "습-"과 "자 이제"가 입 밖으로 나오지 않게 거르고 있었다. 에픽테토스의 "모든 습관은 노력에 의해 굳어진다."라는 말이 기가 막힌 타이밍에 딱! 떠올랐다. 이틀 후 예정된 강의를 마치고 휴대폰으로 녹음한 것을 들어봤다. "습-"과 "자… 이제"는 한 번도 들리지 않았다. 그리고 알게 됐다. '습관어가 있고 없고의 차이가 이렇게 크네! 대박이다!'

습관어와의 결별 과정을 통해 또 하나 알게 된 것이 있다. 습관어는 아이보다 어른에게서 더 쉽게 나타난다는 것을 알게 됐다. 습관어는 말 그대로 '습관'이기 때문이다. '습관'의 사전적인 뜻은 '어떤 행위를 오랫동안 되풀이하는 과정에서 저절로 익혀진 행동 방식'이다. 실제로 아이들의 스피치 수업에서는 습관어를 다룰 일이 거의 없다.

"지금부터는 대화 상황에서 연장기법(말더듬치료를 위한 기술 중의 일부분)을 사용하는 단계입니다. 먼저 가벼운 주제로 편안하게 대화해 봅시다. 탕수육 부먹, 찍먹! 뭐가 더 맛있나요?"

"어… 그 저는 찍먹을 좋아합니다. 왜냐하면 어… 그 원하는 양만큼 소스를 찍어 먹을 수 있거든요. 어… 그 부먹은 소스의 양을 어… 그 원하는 대로 조절이 잘 안되기 때문에 저는 어… 그 찍먹을 좋아합니다."

Q는 32살의 회사원이다. 초등학생 때부터 말을 오랫동안 더듬어 왔다고 했다. Q는 말더듬을 치료하기 위해 내가 알려주는 모든 것을 빨리 습득하고 적용했다. 그 결과 Q는 더듬지 않고 말을 부드럽게 잘 시작할 수 있게 됐다. 그리고 눈에 띄는 성대의 막힘이나 말소리 반복은 사라졌다. 처음에는 '삽입어(말더듬을 회피하기 위한 행동으로 "음…" 등의 소리)이지 않을까?' 했다. 그래서 여러 요인을 Q와 이야기 나눠 본 결과 우리는 단순 습관어로 판단했다.

여기서부터는 말더듬치료에서 스피치 수업으로 전환이다. Q와 나는 본격적으로 수업녹화 영상을 함께 보며 "어… 그"의 횟수를 세었다. 1분가량의 말 중에 자그마치 12번이나 "어… 그"를 사용했다. 그 후 "어… 그"의 습관어를 빼고 부먹 vs 찍먹에 대해 다시 말하도록 했다. 몇 번의 연습 끝에 마침내 "어… 그"가 완전히 빠진 부먹 vs 찍먹 이야기가 완성됐다. 나와 Q는 성공경험을 축하하며 다른 주제로 넘어갔다. 간간이 실수로 "어… 그"가 나오긴 했지만, 횟수가 훨씬 줄었다. 수업 후반에 Q가 나에게 말했다. "습관어가 있고 없고의 차이가 엄청나게 크네요. 앞으로 더 좋아질 수 있게 노력해야겠습니다!"

Q는 처음에 자신의 모습을 영상으로 마주하는 것을 두려워했다. 하지만 그 두려움을 깨고 자신의 현재 상태를 마주했다. 그 결과 만족스러운 결과를 얻었다.

안나 프로이트는 "나는 힘과 자신감을 찾아 항상 바깥으로 눈을 돌렸지만, 자신감은 내면에서 나온다. 자신감은 항상 그곳에 있다."라고 했다. 우리는 앞으로 나아가기 위한 삶을 위해 자신의 내면으로 들어가야 할 때가 있다. 내면으로 들어가는 것은 큰 용기가 필요하다. 성인 말더듬인들에게 녹화한 수업 영상이 필요하면 언제든 요구하라고 한다. 그러면 10명 중 9명은 "아니오! 제 모습 못 보겠어요!"라고 한다. 그럴 때 나는 "알겠습니다. 후에 말더듬 다 고치면 전, 후 비교하기 아주 좋을 거예요. 그때 같이 봅시다! 얼른 그날이 오길 바랄 뿐이에요!"라고 했다. 하지만 이제는 대답이 바뀌었다. "알겠습니다. 지금 당장은 아니더라도 조금씩 좋아질 때마다 저랑 같이 영상을 보며 전, 후 비교 어.차.피. 할 겁니다! 처음이 어렵지 몇 번 해보면 영상으로 확인하길 잘했다 하실 거에요. 다른 분들도 다 그러셨어요. 하하하."

실제로 몇 번의 수업 후 영상으로 자신을 직면한 후 언어치료의 효과가 급격하게 좋아진 모습을 많이 봤다. 이러한 경험으로 치료종결 시점에서는 항상 '습관어 확인과 습관어 제거하기'를 거친다.

만약 강의 전 리허설 영상을 촬영하지 않았다면? 촬영한 영상을 확인하지 않았다면? 앞으로 나아가기 위해 나의 내면으로 들어가기를 주저했다면 어떻게 됐을까? 물론 그 후에 언젠가 어떠한 계기로도 나의 습관어를 발견할 수 있었을 것이다. 하지만 그동안 무의식적인 습관어 사용으로 매끄럽지 않은 스피치를 여러 번 하지 않았을까? 그리고 Q를 비롯해 나를 만나게 되는 많은 클라이언트에게 좀 더 효과적인 스피치 스킬을 늦게 제공할 수밖에 없었을 것이다.

이제 당신도 나와 함께 자신의 내면으로 들어가서 무의식적인 습관어와 결별하자. 그리하여 매끄러워진 스피치로 상대를 훨씬 빠르고 쉽게 내 편으로 만들자.

A-B-A' 공식을
사용하라

『아트 스피치』의 저자 김미경은 "음악에서 A-B-A' 구조가 기본이듯 스피치에서도 A-B-A' 구조가 매우 중요하다."라며 동요 '아기 염소'로 그 뜻을 쉽게 설명했다.

A. 파란 하늘 파란 하늘 꿈이 드리운 푸른 언덕에 아기염소 여럿이 풀을 뜯고 놀아요 해처럼 밝은 얼굴로

B. 빗방울이 뚝뚝뚝 떨어지는 날에는 잔뜩 찌푸린 얼굴로 엄마 찾아 음메 아빠 찾아 음메 울상을 짓다가

A'. 해가 반짝 곱게 피어나면 너무나 기다렸나 봐 폴짝폴짝 콩콩콩 흔들 흔들 콩콩콩 신나는 아기 염소들

김미경은 "A의 노래가락과 A'의 노래가락은 똑같습니다. 같은 가락이 반복되면 '가사'는 다를지라도 안정적으로 끝나는 느낌이 납니다."라고 설명한다. 그리고 『커뮤니케이션 스피치』의 저자 정희원, 공태영은 1963년 미국의 35대 대통령인 존·F·케네디의 베를린에서 한 연설을 "전형적인 A-B-A' 구조로 이루어져 있음을 알 수 있다."라고 언급했다. 이처럼 스피치에서 A-B-A' 공식을 중요하게 다루는 이유가 뭘까?

1	2
A 저는 인간을 위한 동물실험에 반대합니다.	A 저는 인간을 위한 동물실험에 반대합니다.
B 왜냐하면, 동물실험의 결과를 완전히 믿을 수는 없습니다. 인간에게 있는 질병 3만 가지 가운데 동물과 공유하는 질병은 1.16% 밖에 되지 않는다고 합니다. 이 때문에 동물실험을 거친 신약들도 인간에게서 부작용을 보이는 사례가 많이 있습니다. 동물실험 말고도 다른 방법이 있습니다. 살아있는 동물에게 희생을 강요하기보다 과학 기술의 발달에 따라 컴퓨터 시뮬레이션을 활용하거나 줄기세포를 이용하는 등의 대체 방안을 활용하는 것이 바람직하다고 생각합니다.	B 왜냐하면, 동물실험의 결과를 완전히 믿을 수는 없습니다. 인간에게 있는 질병 3만 가지 가운데 동물과 공유하는 질병은 1.16% 밖에 되지 않는다고 합니다. 이 때문에 동물실험을 거친 신약들도 인간에게서 부작용을 보이는 사례가 많이 있습니다. C 동물실험 말고도 다른 방법이 있습니다. 살아있는 동물에게 희생을 강요하기보다 과학 기술의 발달에 따라 컴퓨터 시뮬레이션을 활용하거나 줄기세포를 이용하는 등의 대체 방안을 활용하는 것이 바람직하다고 생각합니다.

동물들도 고통을 느낍니다. 그런데 단지 인간의 유익을 위해 동물들에게 일방적인 희생을 강요하는 것은 잔인하고 비인간적인 행동입니다.

A′ 동물실험실의 동물들은 인간에 의한 일방적인 강요에 희생당하는 것일 뿐입니다. 그래서 저는 동물실험을 강력하게 반대합니다.

D 동물들도 고통을 느낍니다. 그런데 단지 인간의 유익을 위해 동물들에게 일방적인 희생을 강요하는 것은 잔인하고 비인간적인 행동입니다.

E 최근에 또 동물 학대에 대한 뉴스를 접했습니다. 이런 뉴스를 접할 때마다 너무 마음이 아픕니다. 어떻게 해야 이런 문제를 해결할 수 있을지 걱정입니다.

F …

G …

1번은 간결하면서도 주제의 틀 밖으로 벗어난다는 느낌이 없다. 반면에 2번은 초반에는 주제에 맞게 이야기한다. 그러나 뒤로 갈수록 장황해진다는 느낌을 받게 된다. '내가 살면서 많은 사람 앞에 서서 스피치를 할 경우가 있기나 할까?'라고 생각할 수도 있다. 하지만 그것은 아무도 모를 일이다. 살면서 꽤 긴 스피치를 해야 하는 상황을 맞닥뜨릴 때가 분명히 있을 것이다. 그때 돼서야 당황하고 "저는 그런 거 못 해요."라고 넘기고 싶은가? 아니면 자신 있게 A-B-A′ 공식을 사용해 멋지게 스피치할 것인가? 비교적 짧은 길이의 주장하기, 설명하기 정도에도 A-B-A′ 공식이 필요하다는 것을 기억하자. A-B-A′ 공식은 스피치 내용이 길든 짧든 모두 적용돼야 한다. A–B–A′ 공식은 상대를 내 편으로 만들기 위한 필수요건이기 때문이다.

A–B–A′ 공식을 보니 내 결혼식이 문득 생각났다.

"우리 결혼식은 주례 없이 진행할 거예요. 아빠의 축사 차례도 있어요."

내 결혼식만큼은 여느 다른 결혼식보다 조금은 다르게 치르고 싶었다.

'주례 없는 결혼식을 하자.'

그때만 해도 주례가 없는 결혼식은 그리 흔하지 않았다. 결혼생활에 도움이 되는 주례 선생님의 말씀은 뼈가 되고 살이 되는 좋은 말이다. 하지만 뼈가 되고 살이 되는 그 긴 주례를 들을 생각을 하니 결혼식을 치르기도 전에 진이 빠졌다. 결혼생활에 정말로 뼈가 되고 살이 되는 내용을 내 아버지에게서 듣고 싶었다. 결혼식 날 아버지는 빼곡히 적힌 글을 힐끗힐끗 보며 축사를 하셨다. 다 외우지 못해 종이를 힐끗 보시며 스피치를 하셨다. 하지만 연습을 얼마나 많이 했는지 나는 단번에 알 수 있었다. 결혼생활을 잘하기 위한 방법으로 "양가 부모님께 용돈을 많이 드려라."라는 나름의 유머도 넣으셨다.

(A) 어떻게 하면 행복한 결혼생활을 할 수 있는가?

(B) 30년의 결혼생활을 먼저 해본 사람으로서

첫째, 대화를 많이 하라
둘째, 배우자의 사소한 실수를 눈감아 줘라
셋째, 양가 부모님께 용돈을 많이 드려라

대화를 많이 하면 서로의 생각을 알게 되고 이해의 폭이 넓어진다. 그러면 배우자가 실수하더라도 그 원인을 이해한다. 완벽한 사람이란 없다. 사사건건 고치려 들면 그게 바로 한심한 싸움의 원인이다. 본인이 한 실수는 본인이 제일 잘 안다. 배우자가 눈감아 주면 고마워서 똑같은 실수를 하지 않게 된다. 양가 부모님께 용돈을 많이 드릴 수 있을 만큼 좋은 일로 돈을 많이 벌어 베풀며 행복하게 살아라.

(A') B의 세 가지만 잘 지키도록 하라. 행복한 결혼생활이 될 것이다.

아버지의 축사가 끝난 후 하객들은 모두 큰 박수를 보냈다. 나는 내심 아버지의 스피치 구성에 대해 큰 기대를 하지 않았던 건 사실이다. 하지만 그때는 스피치 구성이 중요한 문제가 아니었다. '내 결혼식에 내 아버지가 직접 축사를 했다'라는 것이 중요했다. 그러나 아버지의 축사가 계속되는 동안 깜짝 놀라지 않을 수가 없었다. 생각보다 기대 이상이었기 때문이었다. 그때는 내가 본격적으로 스피치를 배우기 전이었다. 그래서 아버지의 스피치가 왜 기대 이상이라고 느끼는지 이유를 몰랐다. 하지만 스피치를 배운 후에 그 이유를 확실하게 알게 됐다. 첫 번째는 바로 A-B-A′ 공식을 사용했기 때문이다. 그리고 두 번째는 적지도 많지도 않은 딱 적당한 '세 가지'로 정리한 것 때문이다. 결혼식이 끝나고 아버지에게 외쳤다. "아빠! 축사 잘하던데요! 하나도 안 떨고 말이야!"

"아빠보다 많이 배우고 똑똑한 우리 현혜! 아빠는 항상 너를 믿는다! 아빠는 가난해서 중학교까지밖에 못 나와서 이렇게 살지만 너는 아빠랑 다르다! 알지? 너는 뭐든지 늘 당차게 잘하더라! 우리 집안에서 대학원 졸업한 사람이 누가 있노! 바로 최현혜! 너다 너! 내 딸인 니가 우리 집안에 유일한 대학원 졸업생이다! 알제!"

"아빠는 사람들 앞에서 말을 참 못하는데 너는 우째 그래 말을 잘 하노? 니보면 한 번씩 신기하데이. 허허허."

아버지는 자주 저렇게 말을 하셨다. 그런 아버지에게 내가 축사를 부탁했다. 아니, 축사를 해야 한다고 통보했다.

'처음 축사를 부탁받았을 때 그 부담감이 얼마나 컸을까?' 하는 아버지의 마음이 글을 쓰면서 자꾸만 떠오른다. 하객들로 가득 찬 딸의 결혼식에서 유창하게 스피치해야 하는 상황이다. 게다가 스피치라는 것은 한 번도 배워본 적도 없다. 만약 그때 아버지가 "아이고야, 난 사람들 앞에서 그런 거 못 한데이."라며 거절했다면 어땠을까? 아버지는 '딸이 축사해달라고 했는데 아빠가 되가꼬 그거 하나 못 해가지고…' 하는 생각으로 평생 좋지 않은 마음을 갖게 되지 않았을까? 하지만 아버지는 도전과 성공경험을 택하셨다.

"나도 말 잘 하드제? 현혜 니가 말 잘하는 것은 아빠 닮아서 그런기다이!"

결혼식 축사로 경험한 성공적인 스피치로 아버지는 자신감을 얻으셨다. 더 이상 딸 앞에서 한탄으로 미안함을 내비치는 일이 없어지셨다. 그리고 그날을 계기로 데면데면한 전형적인 아버지와 딸의 분위기가 조금은 개선됐다. 아버지는 늘 내 편이고, 나도 늘 아버지 편. 이것이 더욱더 확실해지게 됐다.

지금도 '내가 사람들 앞에서 스피치할 일이 있겠어?'라고 생각하는가? 지금부터라도 일상 대화 속에서 A-B-A′ 공식을 적용해서 말해보자. "지금 여기서 그 말이 왜 나와?"는 사라지고 똑똑하게 말하는 사람만이 남아있게 될 것이다. 상대를 내 편으로 만드는 기술! A-B-A′ 공식을 사용하라!

말투만 바꿔도
스피치가 달라진다

말투란 '말을 하는 버릇이나 본새'를 말한다. 흔히 말투를 고치기는 힘들다고 한다. 왜냐하면, 말투는 나의 '버릇'이기 때문이다. '세 살 버릇 여든까지 간다.'라는 속담이 말해주듯 버릇은 고치기가 쉽지 않다고 생각할 수 있다. 하지만 여기에서 우리는 쉽지 않은 것과 불가능한 것을 구분해야 할 필요가 있다. 말투를 바꾸는 것은 쉽지 않은 것이지 불가능한 것은 아니다. 말투를 바꾸는 것은 가능하다. 스피치와 관련한 많은 책에서 말투와 이미지는 갈고 닦을수록 좋아진다고 입을 모아 설명한다. 게다가 말투의 중요성도 꼭 다룬다. 주버트 교수는 사람을 판단하는 근거로 '7/38/55 법칙'을 발표했다.

· 55%는 외모, 옷차림, 태도, 보디랭귀지, 표정 등과 같은 비언어

· 38%는 말을 하는 말투, 목소리의 표현 방식, 발음 등의 목소리

· 7%는 말의 내용

주버트는 만약 38%의 말투에서 실점하면 소통의 효과가 크게 낮아진다고 한다. 사람의 말투에서 그 사람의 성격, 정서, 분위기의 정보를 얻어낸다고 한다.

상대를 내 편으로 만들기 위해 꼭 바꿔야 할 말투로는 첫 번째, 욕설을 하지 말아야 한다.

"오늘 우체국에 볼일이 있어 갔었거든. 바빠 죽겠는데 주차장에 자리가 없는 거야. 그래서 두리번거리면서 주차 자리를 억지로 찾고 있는데 뒤에서 빵빵거리잖아. 하 ××, ×나 짜증이 확 솟구치잖아. 오늘 기분 ×잡쳤어."

급히 해야 할 일이 생겨 카페에 들러 노트북을 여는데 다른 테이블의 통화내용이 들렸다. 나도 모르게 힐끔 눈이 갔다. 대화 내용 중 욕설이 반 이상을 차지했다. 그런데 그 남성은 깔끔한 정장 차림에 멀끔한 모습이었다. 나와 나이가 비슷한 회사원으로 보였다. 내 귀를 씻고 싶을 정도로 기분이 확 상했다. 그 남성을 보는 카페 사장님의 표정도 좋지 않았다. 하지만 손님이니 뭐라고 하지 못하는 처지였다. 그 남성은 자신의 입에서 쏟아지는 욕설로 카페 사장님을 비롯해 모든 손님을 적으로 만들

었다. '친구와 개인적인 통화에서 욕설도 못 해?'라고 생각할 수도 있다. 하지만 말투는 곧 그 사람을 나타낸다. 그러므로 어디가서 나도 모르게 욕설이 튀어나올 수도 있다. 왜냐하면, 말투는 갈고닦지 않으면 변하지 않기 때문이다.

"내가 회사 입사하자마자 가장 조심했던 게 뭔지 알아?"
"뭔데?"
"대학교 때 친구들이랑 말하면서 '×나'라는 단어를 진짜 많이 썼었거든? 근데 회사에서 그 단어가 나도 모르게 툭 튀어나올까 봐 얼마나 신경 쓴 줄 알아? 와… 처음에는 그 단어 안 쓰니까 말 연결이 안 되더라고. 그런데 시간이 지나니까 적응되더라? 그렇게 해서 고쳤잖니. 그땐 힘들었는데 지금 생각해보면 진짜 잘 고쳤다 싶다니깐. 하하하."

평소 친하게 지내는 언니와의 대화다. 이 대화에서도 알 수 있듯이 말투는 고칠 수 있다. 이렇게 말투를 고치면서 언니는 회사에서 인정받고 사업체도 받아 잘 운영하고 있다. 최근에는 가맹을 맺은 업체 수가 늘어나면서 사람들에게 갈수록 더 인정받고 있다. 만약 욕설하는 말투를 고치지 않았다면 어땠을까? 이렇게 말투라는 것은 매우 중요하다. 평소에 욕설하는 버릇이 있다면 꼭 고쳐야 한다.

그리고 두 번째는 단답으로 끝내는 말투다.

"선생님. 오늘 W수업 어땠어요?"

"네. 오늘 잘하더라고요."

입사한 지 얼마 되지 않은 언어치료사 A에게 원장이 한 질문이다. A의 대답에 원장은 다시 질문했다.

"W랑 수업 전체적으로 어땠어요?"

"네. 전체적으로 집중도 잘하고 그랬어요."

이와 같은 상황이 여러 번 반복되자 원장이 나를 불렀다.

"내가 원장이라 말하기 어려운가 봐요. 평소에도 저렇게 단답으로 말을 끝내는지 궁금하네요. 최쌤은 동료의 입장이니 아무래도 낫지 않을까 싶어서 물어봅니다. 어때요?"

난감했다. 왜냐하면 A는 평소에도 단답으로 말을 끝내는 버릇이 있었기 때문이다.

"저도 대화를 많이 안 해봐서 잘 모르겠어요. 아직 사회생활한 지 오래되지 않아서 그렇겠죠. 조금 더 지나면 괜찮아지지 않을까요?"라며 원장과의 대화를 마무리 지었다.

결국, A는 부모와의 상담에서도 단답으로 끝내는 말투 때문에 아이어머니들의 불만을 샀다. 내 아이의 언어치료내용에 대한 질문에 단답으로만 말하는 치료사를 누가 좋아하겠는가? 안타까운 마음에 A의 방에 들어가서 대화를 시도했다.

"선생님. 아직 적응이 많이 안 되죠? 뭐가 가장 어려운 것 같아요?"

"하… 저는 설명을 잘 못하겠어요. 머릿속으로는 대답의 내용이 떠오르는데 길게 설명을 못 하겠어요. 입으로 안 나와요. 괜히 실수할 것 같아요."

"그래서 선생님이 자꾸 단답으로 말을 끝냈구나. 나도 처음에는 그랬어요. 그런데 설명하는 것 또한 트레이닝이에요. 자꾸 연습해야 해요. 내가 수업 안 할 때는 언제든지 알려 줄 테니 편하게 내 방으로 와서 수시로 물어보세요. 나도 그럴 때가 있었기 때문에 완전 이해합니다!"

A는 얼마 있지 않아 내 방으로 찾아와서 물었다.

"다음 시간에 B랑 수업하는데 분명히 B엄마가 B의 집중력 증진에 대한 질문을 무조건 하실 거예요. 어떻게 정리해서 설명해 드려야 할까요?"

"내가 B엄마라고 생각하고 일단 설명해보세요."

이렇게 A와 나는 여러 번의 연습을 거쳤다. 한 달 정도가 지나자 A는 더 이상 '단답녀'가 아니었다. A는 그동안 경력을 잘 쌓아 현재는 언어발달센터 오픈 준비가 한창이다. 우리는 그날 이후로도 친한 친구로 인연을 잘 이어가고 있다.

'저는 말주변이 없어요.', '저는 남들처럼 말을 잘하지 못하는 사람이에요.'라고 말한 적이 있는가? 당신이 그 말을 하는 순간 그 말 때문에 당신의 영향력은 떨어지게 된다. 당신은 어떠한가? 말주변이 없고 남들처럼 말을 잘하지 못해서 늘 단답으로 마무리 짓지는 않는가? 말투를 고치고 실력을 갈고 닦아서 A

처럼 자신감을 얻고 당당해질 것인가? 아니면 지금처럼 자신의 영향력을 떨어뜨릴 것인가? 지금 선택해 보자.

마지막으로 세 번째, 긍정적인 단어를 사용해야 한다.

> A. "역시 대프리카야. 6월인데 벌써 이렇게 덥다니. 7월, 8월은 어떡해? 오늘도 완전 덥다. 딱 짜증나는 날씨야. 그치?"
> "네. 그러네요."

너무 더워서 짜증나는 날씨라는 상대방의 의견에 동의하고 말았다. 동의한 후 내 기분은 별로다. 괜찮았다가도 상대방이 짜증나는 날씨라고 하니 실제로 짜증나는 것 같기도 하다.

> B. "와. 오늘 진짜 덥다. 역시 대프리카야. 아직 6월 초인데 벌써 이렇게 더워. 얼른 에어컨 틀자. 에어컨 없었으면 어쩔 뻔했어? 에어컨 있는 시대에 태어나서 완전 대박 다행이다. 그치? 아이고 에어컨님 정말 감사합니다! 어우, 시원해라!"
> "하하하! 맞아 맞아. 진짜 에어컨 없었음 어쩔 뻔!"

덥지만 상대의 긍정적인 멘트로 덩달아 기분이 좋아진다. '더운 것'에 주의가 가는 것이 아니라 '에어컨이 있어서 정말 다행이고 감사하다.'라는 것에 주의를 두게 된다.

실제로 동네 친한 언니인 B는 긍정적인 단어를 많이 사용한다. B의 아이도 엄마의 영향을 받아 늘 명랑하여 짜증을 부리는 일이 거의 없다. B와 B의 아이가 우리 집에 놀러 오면 그야말로 화기애애한 분위기로 확 바뀐다. 주말에 시간적인 여유가 조금이라도 생기면 나는 B에게 전화한다.

"언니! 우리 집에 올래?"

"아이고, 바쁘신 현혜님이 전화를 다 주시고요! 가면 밥 주나?"

"하하하, 밥만 주겠어?"

"알았어! 지금 바로 갈게!"

당신의 주변에 A, B와 같은 사람이 있다면 누구와 더 친해지고 싶은가? 당연히 B다. 그렇다면 B 또한 내가 A와 같이 말하는 사람이길 원할까? 아니면 자신과 같이 긍정적인 단어를 많이 쓰는 사람이길 원할까?

말투는 곧 그 사람이다. 나의 말투는 곧 나를 나타낸다. 현재 좋지 않은 말투를 가졌다고 해서 실망할 필요는 없다. 말투는 고칠 수 있다. 말투를 고치면 대화 스피치에서 큰 효과를 볼 수 있다. 나 또한 여러 가지 좋지 않은 말투들을 고친 사람으로서 자신 있게 말할 수 있다. 상대를 내 편으로 만드는 스피치 기술! 말투를 고쳐라!

08

적절한 리액션은
필수조건이다

리액션의 의미는 다양하다. 그중 우리는 호응을 잘해주는 사람에게 "리액션이 좋다."라고 표현한다. 리액션이 좋은 사람은 인기가 좋다. 리액션은 너무 과하거나 너무 적으면 안 된다. 대화에서 인기가 좋은 사람의 리액션은 적절한 선을 잘 유지한다. 그렇다면 적절한 리액션은 어느 정도일까? 그리고 적절한 리액션은 왜 필요할까?

"딸이 고학년이 되니까 신경 써야 할 것들이 더 많아지는 것 같아. 제대로 가르칠 것들이 정말 많다고 느껴져. 특히 바른 인성교육이 가장 중요하겠지? 하지만 공부도 신경 쓰지 않을 수가 없네. 사교육비도 자꾸 올라서 점점 더 버거워지는 것도 사실이야. 나중에는 더하겠지? 자기 주도 학습인가 뭐 그런 것도 있다는데 알아볼까 싶어."

"응. 응. 그래. 아 그랬구나."

나는 더 이상 대화를 이어가고픈 마음이 사라졌다. B는 휴대폰 화면에 펼쳐져 있는 많은 과일을 수확하는 데에 집중하고 있었기 때문이다. B가 휴대폰 화면에 보이는 많은 수확물을 하나하나씩 빠르게 눌렀다. 그때마다 "띠링! 띠링! 띠리리리링!"하는 기계음이 울렸다. B는 내 이야기에 아예 반응을 보이지 않은 것은 아니다. 내가 말을 하는 동안 언어로 계속 반응했다. 하지만 나는 왜 대화를 안 하고 싶어졌을까?

보디랭귀지 전문가 레이 버드휘슬은 자신의 연구를 통해 이렇게 말했다. "언어가 전달하는 정보의 양은 총 정보의 35%에 불과하고 나머지 65%의 정보는 비언어적인 교류로 완성한다." 보디랭귀지는 교류를 촉진하는 도구이다. 우리는 소통의 분위기를 적극적으로 만드는 데 보디랭귀지를 사용한다. 하버드대학에서 발표한 "SOFTEN 법칙"을 살펴보자.

· Smile 미소 유지
얼굴에 표정이 없거나 인상을 쓰는 것은 원활한 대화를 방해한다. 또는 그 사람에 대한 이미지를 실추시킨다. B의 미소는 나를 향한 미소가 아니었다. 과일을 수확하는 데에서 오는 기쁨의 미소였다.

· Open 개방적인 자세

가장 개방적인 자세는 활짝 편 어깨이다. 어깨가 활짝 펴져 있으면 "나는 교류를 좋아합니다."라고 알려주는 것과 같다. 반대로 어깨가 닫혀있으면 "나를 내버려 둬."라는 뜻으로 받아들이게 된다. 특히 팔짱을 끼는 것은 "나에게 말을 걸지 마시오."라는 뜻이다. 경계심이 매우 강한 사람이라는 인상을 주게 된다. B는 휴대폰 화면을 보느라 어깨는커녕 나에게 정수리만 보여줬다.

· Forward Lean 몸을 앞으로 기울이는 것

몸을 뒤로 기대거나 손을 뒷머리에 대고 있으면 대화의 주제가 귀찮다는 것처럼 보인다. 대화를 무료하게 만든다. 반대로 몸을 자연스럽게 살짝 앞으로 기울이면 상대방은 계속 이야기하고 싶은 마음이 든다. B는 너무 심하게 몸을 숙여서 내 대화를 제대로 차단했다.

· Touch 접촉

여기에서 말하는 접촉은 악수다. 사람과 만났을 때, 헤어질 때 우호적인 악수가 매우 중요하다고 말한다.

· Eye 시선의 교류

시선은 눈을 통해 전달할 수 있는 강렬한 비언어적 정보이다. 이것은 억지가 아닌 자발적인 태도로 이루어져야 한다. 상대방이 이야기할 때는 눈을 마주치면서 만남을 중요하게 생각하고 있다는 뜻을 전달해야 한다. B는 나와의 만남보다 과일 수확으로 올라갈 점수와의 만남을 더 중요하게 여겼다.

· Nod 고개 끄덕이기

고개를 끄덕이는 것은 동의만을 의미하는 것이 아니다. 지금 잘 듣고 있고 이해하고 있다는 뜻을 전하기도 하다. 고개를 끄덕이는 것은 동의나 격려의 신호와 같다. B의 행동은 내 말에 동의, 격려했다고 보기 어렵다.

이렇듯 "SOFTEN 법칙"을 알면 대화할 때의 적절한 리액션이 가능하다. 또 어떤 의미로는 대화 상황에서 하지 말아야 할 것 정도는 알 수 있다.

스마트폰이 우리 생활에서 주는 편리함은 엄청나게 많다. 스마트폰 없으면 아무것도 할 수 없는 시대라는 말에 격하게 동의한다. 하지만 제아무리 척척박사 스마트폰이라 하더라도 틀어진 인간관계를 되돌려 놓을 수는 없다. 바른 인간관계를 맺고 서로 눈 맞춤하며 긴밀한 유대감을 형성할 수 있는 것은 오직 인간만이 가능하다. 위의 사례가 비단 나만 겪은 희귀한 일일까? B와 같은 행동을 나도 모르게 하진 않았나? 생각해 볼 문제다.

"하루에 미디어 노출은 어느 정도인가요?"

"제가 D를 낳고 산후우울증이 와서 많이 힘들었어요. 그래서 눈뜨면 텔레비전 틀어주고 밥 먹일 때는 휴대폰을 보여줬어요. 4살이 돼도 엄마, 아빠 말고는 할 줄 아는 말이 없어요. 어느 날부터는 D이름을 불러도 안 돌아봐요. 제 눈도 안 봐요."

언어 발달 상담을 받으러 온 D의 어머니와 나눈 대화 중 일부분이다. D의 언어 발달이 느린 여러 요인이 있었다. 그중에서도 나는 '미디어 과다 노출'을 언어 발달을 느리게 한 큰 원인으로 꼽았다. 미디어는 리액션이 없다. 일방통행이다. 리액션이 핑퐁처럼 왔다 갔다 해야 하는 언어생활에 미디어가 미치는 영향은 아주 치명적이다. 특히 언어 발달이 폭발적으로 일어나야 하는 시기의 경우에는 더더욱 그렇다. 처음에는 D를 부르면 뒤돌아보고 눈도 맞췄다고 했다. 기저귀를 하고 있었지만 두 돌 즈음에는 "쉬" 하면서 엄마의 손을 끌고 화장실로 데리고 가기도 했다. 하지만 아이의 언어 행동에 엄마의 리액션은 불충분했다. 엄마의 적절하지 않은 반복된 리액션은 아이가 말하기에 대한 재미를 못 느끼게 한다. 상대의 리액션이 적절하지 않으면 말하는 사람은 재미가 없다. 더 이상 말하는 것에 흥미를 느끼지 못하게 된다. 쉽게 말해 '말하다가 김이 새 버렸다.'의 상황이 된다.

'스피치는 말만 잘하면 되는 거 아니야?'라고 생각할 수도 있다. 하지만 앞 장에서 여러 번 강조했듯이 스피치를 잘하기 위해서는 먼저 잘 들어야 한다.『생각 정리 스피치』의 저자 복주환은 "말을 잘하려면 우선 잘 들어야 하는데 녹취를 하는 과정에서 경청의 힘이 길러진다." 또 "말을 잘하고 싶은 열망이 컸던 나는 1시간짜리 강연 영상을 5시간 동안 녹취했다. 시간이 오래 걸리고 비효율적으로 보이지만 녹취하기 위해 말을 반복해서 듣다 보면 '듣는 귀'가 생긴다."라고 한다. 그러면서 손석희, 김미경, 김제동, 김창옥, 설민석 등과 같은 최고 강연가의 강연을 반복해서 보고 들었다고 한다. 이렇게 듣기 훈련부터 제대로 시작한 복주환은 현재 생각정리연구소 대표로서 여러 매스컴에서의 강연과 책 출판으로 영향력 있는 스피치 콘텐츠를 전파하고 있다.

이렇듯 스피치를 잘하기 위해서는 상대의 말을 잘 들어야 한다. 상대의 말을 잘 듣는다고 판단할 수 있는 도구는 적절한 리액션이다. 내가 상대방의 이야기에 리액션을 하지 않는다면 상대의 이야기를 잘 듣지 않고 있다고 인정하자. 실제로 그것이 사실이다. 적절한 리액션이 없으면 상대는 이야기를 이어가지 않는다. 이것이 반복되면 후에는 내 이야기에 상대방이 리액션 하지 않게 된다. 결국, 원만한 인간관계에 걸림돌이 된다. 상대를 내 편으로 만드는 스피치 기술! 적절한 리액션을 하라!

5장

최고의 경쟁력,
스피치 능력을
키워라

스피치로
누구도 대체할 수 없는 존재가 되라

"헉! 10시가 넘었네!"

매주 일요일 10:30은 〈신비한TV 서프라이즈〉를 보는 시간이었다. 고등학생 때 늘 챙겨보던 프로그램이다. 토요일에 늦게 잤어도 "서프라이즈"를 보기 위해 일요일 아침 방영시간에 맞춰 눈을 떴다. 2002년부터 방영됐던 이 프로그램은 현재도 MBC의 장수 프로그램으로 자리매김 중이다.

"엇! 서프라이즈 여자 걔다!"

이 말을 들으면 누구나 배우 김하영을 떠올리게 된다. 현재 42살인 김하영은 24살부터 서프라이즈의 재연 배우로 활동했다. 이제는 서프라이즈에 김하영이 아닌 다른 배우가 대체되는 건 어색할 정도다. 서프라이즈 여주인공으로서 그 누구도 대체할 수 없는 존재다.

게다가 낚시도 준 프로급 실력으로 인정받고 있다. 김하영은 출연진들이 모두 남자인 〈나만 믿고 따라와, 도시어부2〉에 출연했다. 그곳에서 김하영은 홍일점이 되어 낚시로 어느 다른 여배우도 대체할 수 없는 매력을 내뿜었다.

어느 한 분야에서 대체할 수 없는 존재가 된다는 것은 어떤 기분일까? 궁금했다. 또한, 그 누구도 나를 대체할 수 없는 존재가 돼야겠다는 생각도 했다.

"어머니! 어쩐 일이세요! 정말 오랜만이에요! 아유, 반가워라!"

"하유… 쌤요! 내가 사정이 있어서 센터를 그만두긴 했지만, 우리 K가 쌤한테 수업받으러 가던 요일만 되면 마음이 싱숭생숭하네요!

"저도 그래요! K가 오던 요일 되면 어머님 생각 많이 나요!"

"쌤도 나랑 같은 마음이라니까 기분 좋네요. 오늘 기분이 싱숭생숭해서 일도 손에 안 잡히고, 뭐… 그러네요."

"언제든지 이렇게 연락주세요. 어머니. 우리 언제 밥 먹기로 했었는데 조만간 시간표 조정해서 꼭 밥 한 끼 하자고요!"

"저 때문에 일부러 시간 빼지는 마세요! 선생님 바쁘신 거 아는데 내가 괜히 미안쿠로⋯"

"어머니 때문에 빼는 거 아닌데요? K 얼굴 보고 싶어서 그런 건데요?"

"하하하! 알겠심더. 내 솔직히 쌤은 사회 나와서 애 때문에 알게 된 인연이지만 난 정말 쌤을 많이 의지했심더. 말도 잘 들어주고 내 마음도 잘 알아주고. 센터 그만두고 나니까 왜이래 마음이 허전한지 너무 아쉽습니더."

"저 오늘 너무 감동받는데요! 저도 그래요 어머니. 어머니랑 이야기하는 시간 하나도 안 지루하고 거리감도 없고 저도 정말 좋았던 걸요. 서로 마음이 통했네요!"

"쌤이랑 통화하니까 마음이 한결 낫네요. 이만 끊을게요. 바쁜 쌤 붙잡고 너무 길게 통화한다 내가. 눈치도 없이."

"아유, 별말씀을 다 하셔요. 조만간 제가 꼭 전화 드릴게요. 맛있는 거 먹으러 가요! 이렇게 저 잊지 않고 전화 주셔서 감사해요. 어머니!"

예전에도 나를 잊지 않고 간간이 소식을 물어보시는 어머님들이 몇 분 계셨다. 하지만 어제의 통화는 지금까지와는 완전히 달랐다. K의 어머니에게 나는 다른 사람으로 대체 불가능한 존재다. 지금까지 만났던 언어치료사와는 다른 사람인 것이다. 내가 지금까지 아이들을 위해 애쓴 것은 늘 똑같다. 아이 어머니와의 상담도 늘 최선을 다했다. 하지만 어떤 것이 이러한 차이를 만들어 냈을까?

　먼저, 스피치를 배우면서 갖게 된 나의 긍정적인 생각이 큰 몫을 했다. 그리고 스피치에서 배운 핵심적인 화술, 화법들로 더욱더 원만한 인간관계가 가능했다. 스피치를 배우기 전에는 침묵을 견디는 것이 힘들었다. 그래서 상대방의 말보다 나의 말로 그 침묵을 채웠다. '스피치를 잘하기 위해서는 잘 들어야 한다.', '경청이 상대방의 마음을 열게 한다.'를 계속 몰랐다면 어떻게 됐을까? 아마도 K어머니의 말 중 "말도 잘 들어주고 내 마음도 잘 알아주고."라는 말은 들을 수 없었을지도 모른다. 이번 K어머니와의 통화로 '내가 드디어 스피치로 누구도 대체할 수 없는 존재가 되었구나.'라고 생각했다.

　얼마 전에는 유전자 공부를 시작했다. 스피치를 배우면서 꿈이 명확해지고 도전을 두려워하지 않게 된 나는 DTC(Direct To Consumer 소비자 직접 의뢰 방식) 유전자 검사 결과를 토대로 컨설팅이 가능한 자격을 갖추게 됐다. 강의를 듣고 시험을 통과하는 것까지는 어렵지 않았다. 하지만 마지막 관문인 실습이 꽤 걱정되긴 했다. 유전자 검사 결과지를 바르게 해석해서 의뢰자에게 잘 설명해야 한다. 그리고 의뢰자의 현재 식습관과 생활습관들을 잘 체크한다. 그 후 타고난 유전자와 교정해야 하는 식습관과 생활습관을 제대로 매치시켜 컨설팅한다. 이 모든 과정을 시사해야 하는 것이 실습과제다. 하지만 이내 '괜한 걱정을 했다.' 싶었다. '스피치 배운 사람이 이런 걸 걱정하다니.' 하면서 피식 웃음도 나왔다. 마지막 실습을 위해 서울로 가는 기차를 탔다. 내가 준비한 자료와 대본을 입으로 여러 번 중얼거리며 연습했다. 컨설팅 내용이 입에 익으면 익을수록 자신감이 솟아올랐다. 한국유전자협회와 거리가 가까워질수록 오히려 컨설팅하는 내 모습이 기대됐다.

실습 장소에 도착하고 내 순서가 가까워질수록 멋지게 컨설팅하는 내 모습을 상상했다. 내 차례가 됐다. "안녕하세요. 한국유전자협회 소속 제네틱 웰니스 컨설턴트 최현혜입니다." 시연을 시작하자마자 앞에 앉은 팀장님이 협회장님에게 속삭였다. '뭐가 잘못됐나? 잘못될 게 없는데.' 순간 의아했지만 금방 머릿속에서 떨쳐버리고 시연을 이어나갔다. 스피치에서 배운 '복식발성으로 공간을 울리게', '울리는 목소리로 내용이 귀에 꽂히게', '강조할 부분은 확실하게 강조' 등을 유지했다. 드디어 준비했던 시연이 끝났다. 같은 공간에 있던 모든 사람이 박수를 보냈다. 그리고 입을 모아 같은 말을 했다. "와... 목소리부터가 달라요!", "처음 시작할 때부터 확실히 다르네요!" 그리고 협회장님이 말했다. "최현혜님이 시연을 시작하자마자 팀장님이 나한테 귓속말로 이렇게 말했어요. 반했다고!" 그때서야 팀장님의 귓속말 이유를 알게 됐다.

스피치를 배우지 않았다면 이 모든 과정이 어떻게 바뀌었을까?

아마 유전자 공부 자체를 시작하지 못했을 것이다. '유전자? 그거 어려운 거 아닌가? 그런 걸 내가 어떻게 해.'라며 아예 시작도 하지 않았을 것이다.

나는 스피치를 배우고 최고의 경쟁력을 가지게 됐다. 스피치 실력을 키운 결과 컨설팅 상담자로서도 누구도 대체할 수 없는 존재가 됐다. 앞으로는 한 개의 직업만 가지고 살기 어렵다. 이미 많은 사람이 수입을 얻을 수 있는 파이프라인을 많이 구축한다. 나 또한 미래 산업에 관심을 두고 여러 분야에 접근하고 있다. 그러면서 크게 깨달았다. 어떤 분야에서도 내가 경쟁력을 가지려면 반드시 스피치를 배워야 한다는 것을.

"말이 곧 경쟁력이다."

이것은 아무리 강조해도 과하지 않다. 내가 강조하지 않아도 우리는 이미 다 알고 있다. 앞으로 또 다른 새로운 분야를 맞이해야 한다 해도 전혀 두렵지 않다. 스피치 실력을 쌓아 최고의 경쟁력을 가진 사람이 되자. 어느새 당신은 누구도 대체할 수 없는 존재가 돼 있을 것이다!

스피치 능력은
이 시대 최고의 경쟁력이다

"저는 태권도를 다녀요!"

"옴마야! 니도 태권도 배우나? 재미있겠네!"

"네! 지금은 빨간 띠이고 내년에 초등학생 되면 저도 언니들처럼 2품 될 거에요! 2품은 검정색이에요."

"우와 멋지네! 그런데 니는 말을 우째 그리 잘하노. 하이고마, 희한하게 잘하네이."

"헤헷. 감사합니다."

지나가던 연세 지긋하신 할머니와 딸이 대화를 나눴다. 그러다가 딸과 이야기했던 그 할머니와 나는 꽤 오랫동안 이야기를 나누게 됐다. 공원 벤치에 앉아 이런저런 이야기를 하다가 할머니가 말했다. "요 아이가 말 잘하는기 엄마 닮아서 그릏기네!" 나는 멋쩍게 웃었다. 할머니가 말을 이어갔다. "요기 엄마는 그래도 착하다. 다른 젊은 엄마들은 내가 이런저런 이야기해도 잘 안 듣더마. 늙은 사람 이야기 누가 듣기 좋다 카근노. 마 늙어뿌마 그래서 외롭다카이."

이야기는 계속 이어졌다.

"그나저나 애기 엄마는 직업이 뭐라예?"

"언어발달센터 운영도 하고 스피치 강사로도 일하고 있어요."

"스피치? 우리 손녀도 스피치 그거 배운다 카든데. 전교회장 나간다꼬 스피치 배워야 한다카매 등록했다카는 소리 들었는데. 요새 스피치 그거 많이 배우는갑데요."

"네 맞아요. 요즘 어른, 아이 할 것 없이 많이들 배워요."

"요 집 아그들은 엄마가 스피치 슨생님이라 걱정 없겠네. 요새는 말 못 하믄 어디가도 인정 못 받는기라. 말을 잘해야 돋보이고 똑똑하다꼬 평가받는 세상이라카이. 우리 손녀도 스피치 잘 배워가지고 전교회장 되믄 참 좋겠구마이."

"그럼요. 꼭 전교 회장 될 거에요. 똑똑한 손녀 두셔서 정말 좋으시겠어요!"

실제로 스피치 학원에서는 전교 회장, 전교 부회장 선거를 준비하는 아이들이 많다. 이제는 임원 선거 준비과정에 스피치 수업은 필수코스가 됐다.

초등학교 입학을 앞둔 아이들도 스피치 학원을 많이 찾는다. 내가 처음으로 맡은 예비초등생이었던 S는 매우 명랑하고 똑똑했다. S의 어머니는 "초등학교 입학 준비로 스피치 수업을 받아보고 싶어요. 각자 앞에 나가서 자기소개하는 시간도 그렇고, 자기 표현력을 키워주고 싶어요."라고 말했다. S와의 수업이 시작됐다. 나는 수업 전, 후를 객관적으로 비교할 수 있게 늘 영상을 촬영한다. 제일 먼저 S에게 스피치 기본자세를 가르쳤다. 그리고 친구들 앞에서 하게 될 자기소개를 연습했다. 연습이 끝나고 곧바로 영상을 촬영했다. S의 어머니에게 수업이 끝난 후 영상을 전송했다. 잠시 후 S의 어머니로부터 답장이 왔다.

"선생님! 어떻게 한 번 만에 이렇게 달라질 수가 있죠? S의 할아버지, 할머니도 잘한다며 엄청 좋아하세요! 스피치 학원 보내길 잘했다며 아주 좋아하세요!"

S는 마지막까지 아주 재미있게 예비 초등과정을 모두 잘 마쳤다. 우리는 함께 작은 크리스마스 파티도 했다. 크리스마스 분위기가 나는 머리띠를 하고 사진도 찍었다. 이 모든 과정으로 S에게 '스피치란 어렵지 않은 것', '스피치란 배울수록 재미있고 행복한 것'이 됐다.

S와의 마지막 수업을 마치고 문을 열고 나왔다. 학교생활은 늘 당당하고 자신 있게! 선생님이랑 배웠던 자신감을 기억할 것

을 다짐했다. 서로 인사를 나눴다. S의 어머니는 나에게 말했다. "우리 S 정말 잘 가르쳐 주셔서 감사해요. 식구들이 S를 미래의 방송인으로 만들어도 되겠다며 칭찬을 아주 많이 해요. 다 선생님 덕분이에요 감사합니다."

시간이 지난 현재도 S가 한 번씩 생각난다. 내년에 2학년이 될 S를 위해 늘 응원하고 기도할 것이다.

조카가 공무원 시험에 합격했다. 온 가족들이 조카에게 축하를 보냈다. 그러던 중 사촌 언니가 말했다.

"이게 끝이 아니야."

"뭐? 끝이 아니야? 뭐가 또 남았어?"

"면접 남았잖아, 면접!"

"아하!"

조카가 말했다.

"이모! 그래서 저 스피치 학원 등록해야 하거든요. 이모 다녔던 그 학원에 가면 돼요?"

"아! 그러네! 그럼 되겠네!"

다시 사촌 언니가 말했다.

"공무원 시험 합격시켜놨더니 웬걸. 이젠 면접 준비네. 숨 돌릴 틈이 없어. 요즘 공무원도 그렇고 대기업 면접 준비 제대로 하려면 스피치 학원에 무조건 가야 한다며?"

"그러게. 면접 준비로 스피치 학원 등록하는 사람이 많긴 하더라고. 아무래도 스피치를 배운 사람이랑 안 배운 사람이랑은 확실히 다르긴 하지. 사실이야."

"그렇지? 딸아! 오늘 저녁에 아빠한테 카드 받아 놔라. 내일 당장 등록하게."

조카가 대답했다.

"오케이!"

공원에서 만난 할머니의 손녀, 예비초등생 S, 공무원 면접을 앞둔 조카.

이들은 모두 스피치가 이 시대에 꼭 필요한 것이라는 것을 알고 있다. 위 사례들이 "스피치 능력을 키우는 것이 이 시대 최고의 경쟁력"이라는 걸 충분히 뒷받침한다. 스피치와 관련된 책을 보면 영향력 있는 정치인, 연예인, 최고 강연가의 예시가 많다. 사회에 큰 영향을 끼치는 인물이기에 높은 스피치 실력은 필수이기 때문이다. 하지만 공원에서 만난 할머니의 손녀, 예비초등생 S, 공무원 면접을 앞둔 조카는 정치인, 연예인, 강연가가 아니다. 그럼에도 불구하고 스피치 능력을 이토록 키우려고 하는 이유가 뭘까?

회사면접, 학교생활 잘하기, 상사 앞에서 자신 있게 의견 말하기, 인생에서 만나는 많은 사람과 원활하게 의사소통하기와 같은 것들을 잘하려고 노력해야 할뿐더러 잘해야 한다고 생각한다.

그 이유는 일상에서조차 말하기 실력으로 승패가 갈리는 경우가 많기 때문이다. 회사면접의 경우를 생각해보자. 요즘 지원자들은 하나같이 스펙이 모두 좋다. 차별성이 없는 똑같은 이력서 중에서 내가 돋보이게 할 방법은 무엇일까? 바로 스피치 실력이다. 게다가 스펙으로 인한 비공정성을 없애기 위해 블라인드 면접도 실시한다. 앞에서와는 반대로 이번에는 이력서가 백지상태다. 똑같은 백지 이력서 중에서 내가 돋보이게 할 방법은 무엇일까? 이 또한 바로 스피치 실력이다.

이번에는 전교 회장 선거를 생각해보자. 내가 학교에 다닐 때만 해도 전교 회장, 전교 부회장은 일단 성적이 최상위권이어야 했다. 성적이 아주 좋고 말썽부리지 않는 착한 아이면 전교 임원을 할 확률이 높았다. 하지만 요즘 시대는 어떤가? 성적이 좋은 아이들을 함께 모아서 모둠 안에서의 성적을 비교해보면 서로 간의 편차도 심하지 않다. 똑같이 다 잘한다. 그래서 학교에서 중요하게 부각하는 것이 바로 '리더십'이다. 훌륭한 인재로 만들기 위해 '리더십'을 키우는 것이 중요한 요건이 됐다. 그 리더십을 평가하기 가장 좋은 것이 '리더'가 되는 것. 학교에서 최고 리더의 증거는 바로 전교 회장, 전교 부회장이다. 선거유세 때 스피치를 잘하지 못하면 표를 얻기 어렵다. 따라서 최고 리더가 되기 위한 필수조건은 스피치 실력이다.

마지막으로 초등학교 입학을 앞둔 어린아이에게 스피치 수업이 왜 필요할까?

아이에게 학교란 처음 겪는 커다란 세상이다. 어린이집, 유치원과는 차원이 다르다. "우리 때는 그런 거 안 배워도 학교 잘 다녔어."라고 할 수 있다. 하지만 이제는 시대가 달라졌다. 학교 공개수업에 참여해 보면 알게 될 것이다. 정말 아이들 하나하나 모두 다 똑똑하다. 어른들이 "요즘 애들은 진짜 빨라. 다 똑똑해."라며 놀라워할 정도다. 똑똑한 아이들 중에서 내 아이만의 경쟁력 있는 그 무언가가 필요하다. 그 무언가가 바로 스피치 실력이다. 이제는 혼자 똑똑하면 소용이 없는 시대다. 똑똑한 것을 뽐내고 드러내야 하는 시대다.

스피치만 제대로 배워도 경쟁력이 있는 사람이 된다. 이것은 확실하다. 스피치가 나만의 무기가 된다. 꼭 기억하자. 이 시대의 최고의 경쟁력은 바로 스피치 능력이다!

03

스피치는 내 인생의 최고로
잘한 선택이다

차에서 내리는데 파우치가 바닥으로 떨어졌다. 파우치 지퍼를 잘 닫지 않는 버릇을 고치지 못했나 보다. 화장품들이 우르르 쏟아져 나왔다.

"여보! 이것 좀 봐! 나 이거 다 쏟았어! 하하하."
"대박! 얼른 주워! 근데 이 와중에도 사진 찍는 거 무엇?"
"하하!"

한바탕 웃고 사진까지 찍었다. 그냥 사진으로 남기고 싶다는 생각이 퍼뜩 들었다. 스피치를 배우고 나서 사소한 일로 눈에 불을 켜지 않게 된 결과다. 스피치를 배우기 전에 같은 상황이었다면 어땠을까? 아마 속에 있던 온갖 짜증이 밀려 나왔을 것이다.

'하… 진짜… 아침부터 짜증 나게 또 이게 쏟아지냐.'라고 생각하면서 짜증을 꾹꾹 누르며 떨어진 화장품들을 주워 담았을 것이다. 하지만 이제는 다르다. '떨어뜨리자마자 화장품들 위로 자동차라도 지나갔으면 어쩔 뻔했어. 다행이다.' 스피치를 배우면서 긍정적이고 미래지향적인 생각을 자주 했던 것이 단련된 것이다. 앞 장에서 말했던 든 내용의 핵심은 '갈고 닦을수록 좋아진다.', '연습으로 가능하다.'인데 나의 경험만으로 확언하는 것이 아니다.

과학적으로 설명할 수 있다. 몇 년 전 난독증 치료 프로그램 연수를 다녀온 적이 있다. 그 프로그램에서 가장 강조했던 것은 바로 '신경 가소성'이다. 다음의 설명을 살펴보자. 우리 몸의 신경세포는 수상돌기, 세포체, 축삭으로 이루어져 있다. 수상돌기는 마치 나뭇가지처럼 생겼고 다른 신경세포로부터 정보를 받아들이는 역할을 한다. 그리고 세포체는 세포의 생명을 유지하는 DNA를 갖고 있다. 축삭은 다양한 길이로 생명이 있는 전깃줄이라고 생각하면 된다. 이웃하는 신경세포들은 서로의 수상돌기로 전기 신호를 내보낸다. 신경세포는 두 가지 종류의 신호를 받는데 억제성 신호와 흥분성 신호다.

자, 여기서 꼭 알아야 하는 것은 시냅스다. 축삭은 이웃하는 수상돌기에 닿아 있지 않다. 미세한 공간을 두고 떨어져 있는데 그 공간을 시냅스라고 한다. 전기 신호가 축삭 끝부분에 이르면 신경전달물질이라는 화학물질을 시냅스에 내보낸다. 신경전달물질은 공간을 헤엄쳐 인접한 신경세포의 수상돌기에 도달한다. 그러면 그 신경세포는 흥분하거나 억제된다. 시냅스에 변화가 일어나서 신경세포 사이의 연결 수가 증가하거나 감소하게 되는데, 그것을 "신경세포가 재배선됐다."라고 한다. 함께 발화하는 신경세포들은 함께 배선이 된다. 그러므로 특정한 경험을 반복하면 그 경험을 처리하는 신경세포에 구조적인 변화가 일어난다. 이들 신경세포 사이의 시냅스 연결이 '강화'된다.

예를 들어보자. 'ㄱ'의 글자 모양은 '그'라는 소리와 연결된다. 아이는 'ㄱ'을 볼 때마다 '그' 소리를 낸다. 그때마다 신경세포들이 함께 발화한다. 동시에 함께 배선된다. 'ㄱ'의 생김새와 '그' 소리를 연관 짓는 활동의 신경세포들 사이의 시냅스 연결이 강화된다. 이 신경세포들을 연결하는 발화와 배선을 반복하면 어떻게 될까? 신기하게도 반복될수록 이 신경세포들은 더 빠르게, 더 강하게 신호를 발화한다. 결국, 이 새로운 회로는 더 능숙하고 효과적으로 활동하게 된다.

그 반대의 상황이 되어도 설명은 가능하다. 한동안 어떤 활동을 하지 않으면 강화됐던 신경세포들의 연결이 약해진다. 그러다가 시간이 더 지나면 소실된다. '사용하지 않으면 잃는다.'라는 신경 가소성의 여러 원칙 중에 하나다. 사용하지 않으면 잃는다는 신경 가소성의 원칙을 잘 활용해보자. 도움이 되지 않는 신경세포의 연결을 끊을 수도 있기 때문이다.

스트레스를 받을 때 폭식을 하게 되면 부정적 심리와 나쁜 행동이 연결돼 버린다. 스트레스를 받으면 주방으로 가거나 배달 앱은 켜지 말아야 한다. 스트레스를 받을 때 효과적인 다른 방법을 찾아야 한다.

특히 나는 우울하거나 화가 나면 술을 마셨다. 알코올을 부정적 심리와 연결했다. 그것이 강화돼서 약간만 짜증이 나거나 신경질이 나면 나의 뇌가 알코올을 원하여 '오늘 기분도 안 좋은데 퇴근하고 술이나 마셔야겠다.'라는 생각으로 연결됐다. 술을 마시면 마실수록 부정적 심리의 결합이 더욱 강화됐다. 하지만 스피치를 배우면서 긍정적이고 건설적인 쪽으로 계속 뇌를 썼다. 그렇게 하루가 지나고 이틀이 지나면서 어느새 나의 뇌는 긍정적인 감정을 일으키는 뇌 회로가 강화됐다. 비합리적인 신념을 일으키는 뇌 신경세포를 안 쓰다 보니 그 부분은 소실됐다.『스스로 치유하는 뇌』의 저자 노먼 도이지는 통증의 예로 신경 가소성을 아주 잘 설명한다. "목표의식은 통증을 없애는 것이 아니라 뇌를 바꾸기 위해 마음을 집중하는 것이다. 즉각적인 보상을 통증 감소라고 생각하면 힘들다. 통증 감소는 서서히 일어나기 때문이다. 초기 단계에서는 새로운 회로를 만들고 통증 연결망을 약화하는 것을 도와준다. 처음 얻는 보상을 '통증 발작이 일어났는데 그것을 없애려고 애썼지만, 아직 통증이 남아 있어'가 아니라 '통증 발작이 있었는데 나는 그것을 마음의 노력을 쏟고 뇌에 새로운 연결을 발달시키는 기회로 삼았어. 장기적으로 도움이 될 거야.' 하고 여기는 것이다."

"오늘도 둘째가 밥을 먹다 국을 다 쏟았지 뭐야. 나도 퇴근하고 피곤한 데다가 요즘 스트레스를 많이 받아서 그런지 순간 화를 못 참아서 애 엉덩이를 찰싹 때려버렸어."

"그래. 그 마음 너무 이해된다. 나도 한동안 애들 등짝을 때렸어. 처음 한 번이 어렵지 한 번 때리니까 자꾸 때리게 되더라고. 안 되겠다 싶어서 의식적으로 등짝을 안 때리기 시작했어. 이제는 애들 등짝 안 때려. 엉덩이든 등짝이든 애들 몸에 손대고 나면 기분이 너무 안 좋잖아. 문제가 해결되는 것도 아니고."

"그치? 맞아… 나도 엉덩이 한번 때리기 시작하니까 자꾸 때리게 되더라. 마치 습관이 돼가는 것 같은 기분이야. 내가 문제야 내가. 휴…"

"우리도 사람인데 어떻게 처음부터 잘할 수 있겠니. 이렇게 고쳐나가는 거지. 저번에 난독증 치료 프로그램 연수 갔다 와서 내가 대충 설명해 준 거 기억나? 신경 가소성! 엉덩이 때리기 말고 냉수 마시기로 뇌 회로를 바꿔! 난 열 받으면 요즘 피아노 친다! 헤드셋 끼고 피아노 치면 다른 소리 아무것도 안 들려. 완전 좋아!"

"하하하! 맞다 맞다! 기억난다. 신경 가소성! 휴… 너랑 통화하니까 좀 낫다 야."

"그래. 혼자 우울해하지 말고 나한테 전화해. 그것도 한 방법이다. 야."

사실 신경 가소성에 대해 알게 된 건 꽤 오래전이다. 정확히 기억은 안 나지만 거의 10년이 다 돼 가는 것 같다. 이미 신경 가소성에 대해 알고 있었음에도 그동안 제대로 활용하지 못했다. 하지만 스피치를 배우고 나서는 내가 알고 있는 지식을 잘 활용하고 있다. 힘들여 배운 지식을 부정적인 것에 쓰지 않는다. 긍정적인 것에 잘 사용하고 있다. 해결해야 하는 문제를 방관하고 안일하게 바라보는 것이 아니다. 문제를 어차피 해결할 거면 좀 더 결론을 원활하게 낼 수 있도록 하자는 의미다. 그것이 문제에 대한 대처를 훨씬 효율적으로 할 수 있기 때문이다. 따라서 "스피치도 배우면 할 수 있다."라는 말은 과학적 근거가 있다.

우리 모두 전문아나운서나 최고 강연가가 되자는 말이 아니다. 그러나 노력하는 과정에서의 배움을 내 것으로 만들면 반드시 만족할 만한 결과는 뒤따른다. 그것을 경험하자. 스피치는 내 인생의 최고 잘한 선택이다. 당신의 인생에서 가장 잘한 선택은 무엇인가? 당신 또한 스피치가 인생 최고의 잘한 선택이길 바란다.

스피치로 사람들을 감동시키는
메신저가 되라

"오늘도 온종일 떨어진 자존감 때문에 기분이 안 좋습니다."

직업군인인 젊은 청년 J의 말이다. J는 작년 여름부터 비대면 말더듬 치료 프로그램에 참여했다. 말을 더듬어 온 기간이 긴 성인 말더듬인은 대부분 낮아진 자존감을 호소하며 말을 더듬을까 봐 늘 불안해한다. 말이 막힐까 봐 늘 긴장도가 높은 상태다. '말'이 부정적 정서 '불안감', '긴장감'과 단단히 결합해 있다. 이러한 특징 때문에 언어치료학에서는 Van Riper의 'MIDVAS'를 강조한다.

· Motivation 동기부여

언어치료사의 전문성, 진실성 있는 태도에 대상자가 감명을 받고 '치료해 보겠다.'라는 의욕을 갖도록 하기. 이 과정에서 가장 중요한 것은 치료사와 대상자 사이의 '정서적인 신뢰 형성'이다.

· Identification 증상확인

구체적으로 말더듬 증상의 여러 형태를 확인하고 깨닫게 하기. 말더듬에 대한 사람들의 부정적 태도(실제로 상대의 앞에서 말을 더듬었을 때 자기의 생각처럼 자신을 무시했는지, 얼굴을 찌푸렸는지, 조롱하였는지 기록) 확인, 의사소통 스트레스에 대한 반응, 상황공포에 대한 반응, 자아의식에 대한 반응(자신의 성격에 대한 장단점, 자신이 한 일들 가운데 다른 사람의 칭찬을 받은 것들을 가능한 한 많이 나열), 대상자의 유창성(말을 더듬는 사람들은 정상적인 사람들의 말에는 말더듬이 전혀 없다고 생각한다. 하지만 우리는 모두 말을 더듬을 때가 많다는 것을 깨닫기)

· Desensitization 둔감화

말을 더듬는 대상자가 말소리공포, 낱말공포 및 상황공포에 맞서서 자신을 강하게 만들기. 부정적인 반응에 대한 둔감화 (전화를 걸고 일부러 심하게 말을 더듬기), 당황에 대한 둔감화, 걱정 근심에 대한 둔감화, 의사소통 스트레스에 대한 둔감화, 상황공포에 대한 둔감화 (말더듬으로 인해 가장 어려웠던 상황을 생각하고 그와 유사한 상황을 찾아서 말을 일부러 더듬기), 낱말공포에 대한 둔감화(가장 두려운 낱말 목록을 만들고 대화할 때 의도적으로 그 낱말들을 사용하기)

· Variation 변형

말을 여러 형태로 더듬을 수 있게 하기. (낱말공포에 대한 반응의 변형, 상황공포에 대한 반응의 변형, 의사소통 스트레스에 대한 반응의 변형, 걱정 근심에 대한 반응의 변형, 당황 또는 사람들의 부정적인 태도에 대한 반응의 변형)

· Approximation 접근

말을 더듬지 않고 시작할 수 있는 기법 익히기

· Stabilization 안정화

재발의 비율을 줄이는 데 가장 중요한 단계. 유창성의 강화, 거짓 말더듬, 지속적인 자신의 평가, 저항력 키우기(말을 더듬게 하는 두렵고 위험한 상황을 의도적으로 만들거나 찾아서 그 상황에 스스로 들어가서 말하기, 말더듬이 발생하지 않도록 저항하는 것. 이는 말더듬을 유도하는 '암시'에 대한 저항인 것이다. 이렇게 말더듬에 대한 저항력을 꾸준히 키워나가야 한다.)

Van Riper의 "MIDVAS"를 공부하고 익힐 필요는 없다. 다만 눈여겨봐야 할 부분이 무엇인지 살펴보자. 말과 강하게 결합해 있는 부정적 정서를 '둔감화'로 만들어야 한다는 것. '둔감화'를 여러 번 강조한다. 긴장과 불안에 둔감해진다는 것은, 곧 긍정적 정서로의 전환이라고 볼 수 있다. 많은 언어치료사가 특히 성인 말더듬인 치료를 어려워하는 이유는 바로 이것 때문이다. 전문가로서 이론적 기법은 잘 가르쳐 줄 수 있다. 하지만 기법

익히기만큼이나 중요한 것이 둔감화의 가능성이다. 그리고 실생활에서 안정화하기. 이 두 가지가 치료에서 가장 큰 걸림돌로 꼽힌다. 나 또한 그랬다. "선생님과 연습할 때는 잘 되는데 밖에서는 잘 안 됩니다."라는 말을 들을 때마다 내가 해줄 수 있는 말은 한정적이었다.

"배운 기법들을 밖에서도 자꾸 사용하셔야 해요. 할 수 있어요! 자신감을 가져요!"

실생활에서의 안정화는 나의 가장 큰 숙제와 같았다.

"오늘은 J씨 표정도 좋고 목소리도 밝네요. 말더듬 빈도도 훨씬 낮아졌어요. 무슨 일이에요? 하하하"

"아… 사실은… 선생님 이야기를 반복해서 들으면서 제 생각이 많이 바뀌었거든요. 말더듬 치료를 방해하는 것은 제 말더듬 증상이 아니라 말더듬을 대하는 저의 관점 때문이라는 것을 깨달았어요."

"듣던 중 반가운 소립니다! 그것 보세요! 생각을 바꾸니 이렇게 놀라운 변화가 일어나잖아요! 정말 잘하셨어요!"

"내가 말 좀 더듬으면 어때? 나는 이렇게 노력하고 있잖아."

"옳지!"

"말더듬을 고치려고 하는 나는 옳은 사람이야. 내 말더듬을 혼내거나 이해 못 하는 사람은 그럴 수 있어. 안 겪어봤으니 몰라서 그러는 거야. 그리고 다른 사람 시선 따위 중요하게 생각하지 말자. 지금의 노력과 결국엔 완치된 내 모습을 상상하고 그것에 집중하자."

"와우!"

스피치를 배우면서 변화된 나의 긍정적 신념이 J에게 드디어 닿았다. 나는 J에게 스피치로 긍정적 신념을 전해준 메신저의 역할을 해냈다.

"다음 달 수업은… P님이 결정하세요! 이제는 종결을 염두해도 좋아요!"

"네? 제가 진짜 그래도 될까요? 대박이에요 선생님!"

"이제 저를 못 볼 생각하니 많이 아쉬운 거죠?"

"하하하! 네 맞아요!"

"음… 그렇다면 저랑 한 팀이 돼보는 건 어때요?"

"네? 어떻게요?"

"P님이 이제 막 시작하시는 분들을 위한 메신저 역할을 하시는 거예요. 뭐든 겪어 본 사람이 제일 잘 알잖아요. P님이 처음 저와 수업 시작했을 때를 떠올려보세요. 진짜 좋아질 수 있을지에 대한 걱정, 불안, 실생활에서 어떻게 안정화하는지. 그런 꿀팁을 경험자로서 찐으로 전달하는 사람이 있었다면 그런 두려움들이 조금이라도 빨리 사라졌을 것 같지 않나요? 어때요?"

"와… 그거 정말 좋은 생각인 것 같아요! 그런데 제가 그걸 잘 해낼 수 있을까요?"

"지금 당장 결정 안 하셔도 돼요. 너무 잘하려고 하지 않아도 되고요! P님이 그 시간에 함께 참여해 주시는 것만으로도 분명히 많은 힘이 될 겁니다. 그러니 너무 부담 느끼지도 마시고요. 충분히 고민해 보시고 편하게 말씀 주시면 돼요."

"네!"

며칠 후 P에게 메시지가 왔다.

"선생님! 저 하겠어요! 제 경험으로 저와 같은 어려움을 겪은 사람들에게 도움되고 싶어요."

P의 메시지를 확인하는데 심장이 마구 뛰었다. '스피치로 선한 영향력 끼치기'가 반복적으로 실현되고 있다는 생각에 감동이 밀려왔다. 내가 스피치를 배우지 않았다면 J와 P에게 어떤 영향을 주는 사람이었을까? 나는 더 이상 "배운 기법들을 밖에서도 자꾸 사용하셔야 해요. 할 수 있어요! 자신감을 가지세요!"에서 끝내지 않는다. 나는 스피치를 배운 후 불안과 걱정을 둔감화시키는 방법을 확실히 알게 됐다. 그것은 바로 말과 강력하게 연결되어 있는 부정적 정서를 긍정적 정서로 바꾸는 것이다. 그 방법을 스피치를 배운 후 확실히 알게 됐다. 그것으로 정말 필요한 사람들에게 긍정적 영향을 주게 됐다. 분명 나는 스

피치로 사람들을 감동하게 하는 메신저의 역할을 하게 됐다.

플라톤은 "인간 최대의 승리는 내가 나를 이기는 것이다."라고 했다. 또한, 빅토르 위고는 "가장 중요한 싸움은 내가 나하고 싸우는 싸움이다."라고 했다. 빅토르 위고는 이 싸움을 그리기 위해서 『레미제라블』이라는 작품을 탄생시켰다. 나는 스피치를 배우면서 나와의 싸움에서 승리했다. 스피치를 배우기 시작하면서 부정적 사고에 사로잡혀 힘들었던 시간에서 벗어났다. 스피치로 많은 사람에게 감동을 전하고 있다. 어떤 이는 나에게서 받은 감동을 또 다른 이에게 전달한다. 스피치를 배운 후 감동을 전하는 메신저 역할이 나뿐만이 아니라, 나에게서 받은 감동을 다른 이들에게 전달하는 수강생에게로 연결된 것이다. 기적 같은 일이다. 이처럼 스피치로 사람들을 감동하게 하는 메신저가 되는 것은 어려운 일이 아니다. 스피치를 배우면 자연스럽게 맞이하게 될 결과다.

나에게 수업받은 사람들은 하나같이 이렇게 말한다. "선생님께 치료 안 받았음 어쩔 뻔했나요! 진짜 다행이에요!" 이 시대의 최고의 경쟁력은 바로 스피치다! 스피치로 사람들을 감동시키는 메신저가 되라!

우리는 매 순간
스피치를 하고 있다

A의 사례

"제 직업이 사업가입니다. 작은 가구회사를 운영 중입니다. 영업 잘하는 직원이 몇 있긴 하지만 명색이 제가 사장인데 제가 가장 못하는 게 영업입니다. 대화의 시작을 어떻게 해야 할지 모르겠습니다. 분명 우리 회사 가구는 다른 회사 가구보다 튼튼하고 실용적입니다. 그런데 그 장점을 어떻게 정리해서 말해야 할지 모르겠습니다."

B의 사례

"저는 경찰이에요. 시험에 합격한 것까지는 좋은데, 실무에서 매일 막혀요. 특히 접수 전화를 못 받겠어요. 신고 전화를 거는 사람이 엄청 다양해요. 연령대도 다양하고 상황도 여러 가지거든요. 그때 상황에 맞게 적절한 질문을 하거나 지침을 알려줘야 하는데 머릿속에서 정리가 안 됩니다. 매뉴얼이 있긴 하지만 앵무새도 아니고, 적힌 글자대로 읽자니 맞지 않는 대본인 것 같고 어떻게 해야 할지 모르겠어요."

C의 사례

"저는 청소년 상담사예요. 우리 기관 특성상 불특정 다수에게 걸려오는 전화로 상담을 해주는데요. 아이마다 고민이 다 거기서 거기가 아니에요. 모두 다 달라요. 생각지도 못한 고민을 내던져주면 어떻게 말해야 할지 모르겠어요. 물론 상담기법 다 배웠죠. 하지만 그 외 부분에서 뭔가 조금은 채워지지 않은 것이 있는 것 같아요. 다른 상담사들은 진짜 상담사답다는 생각이 들어요. 저랑은 많이 다르죠. 엄청 말도 잘하고 들어주기도 잘 들어주고 그러거든요. 그런데 저는 왜 이럴까요? 저도 다른 상담사들처럼 말을 잘하고 싶어요."

D의 사례

"그때 그 교수님의 질문은 제가 확실히 대답할 수 있는 내용이었거든요? 그런데 제가 발표해보겠다는 그 말이 안 나오는 거예요. 손을 번쩍 들고 자신 있게 발표하고 싶은 마음은 굴뚝같은데 저는 말을 잘 못하니까… 도저히 손을 못 들겠더라고요. 저는 언제쯤 남들처럼 발표를 잘할 수 있을까요? 그게 가능하긴 할까요? 왜 저만 이러는 걸까요? 저도 다른 사람들처럼 조리 있게 발표 잘하는 사람이 되고 싶은데…"

위 사례들은 아나운서나 전문 강연가의 고민이 아니다. 모두 우리 주위에서 흔히 만날 수 있는 사람들의 고민이다. 이렇듯 우리는 이미 일상 속에서 매 순간 스피치를 하고 있다. 우리는 일상에서 늘 말을 한다. 무대에 올라서서 다수에게 하는 연설만이 스피치가 아니다.

주말에 예정된 일정이 갑자기 취소된 적이 있다. 첫째 아이가 말했다. "엄마! 그럼 우리 동성로에 나가보자. 엄마 차 타고 가는 거 말고 지상철이랑 지하철 환승해서 그렇게 가보자!" 동성로는 대구의 큰 시내다. 안 그래도 엄청 더운 대프리카의 날씨다. 게다가 그날은 습도도 높았다. 고온다습, 후텁지근한 지하철 역 안을 걸어 다닐 생각을 하니 벌써 힘이 쭉 빠졌다. 게다가 나는 아이가 한 명이 아닌 세 명이다. 우리 집과 동성로까지는 대중교통으로 약 한 시간 정도 걸리는 코스다. 남편과 나의 눈이 마주쳤다. 서로의 동공에 지진이 일어났다. 내가 먼저 입을 열었다. "그래! 가보자! 대중교통 이용하는 방법도 이제 슬슬 배워야 할 때가 되긴 했어." 남편은 옆에서 온몸을 사시나무 떨 듯 덜덜덜 떨었다. 아이들은 아빠의 그 모습조차 재미있다고 깔깔깔 웃었다.

그렇게 해서 우리 가족은 지상철과 지하철을 환승해 가며 걸어서 동성로에 도착했다. 종착역은 중앙로역이다. 땀은 비 오듯 흘러내리고 티셔츠는 점점 축축해졌다. 그러나 오히려 마음이 설레었다. 왜냐하면, 나의 꿍꿍이는 따로 있었기 때문이다. 대구 중앙로역에는 대구 지하철 화재 참사 보존현장이 있다. 단순히 '시내 놀러 갔다 오기'로 하루를 쓰기에는 아쉬움이 있어 아이들을 데리고 '기억 공간'이라는 이름으로 보존된 시민 추모 벽으로 향했다. 지나가던 몇몇 사람들이 기억 공간으로 들어갔다. 우리도 드디어 기억 공간으로 들어갔다. 아이들이 물었다.

"엄마! 여기가 뭐 하는 곳이야? 왜 이렇게 벽이랑 물건들이 다 새카매? 벽에 이름 같은 것도 적혀 있어."

그때부터 기억 공간 안에 아이들은 나의 설명과 함께 희생자들을 진심으로 추모했다.

"2003년 2월 18일 오전 9시 53분에 지하철화재로 300명이 넘는 사망자와 부상자들이 생겼어. 그때의 사고현장이 바로 여기 이곳이야."

"여기에서 불이 났었다고?"

"응. 지금 바로 여기 이 장소에서 불이 났었어. 하지만 얘들아, 불이 났다고 해서 다 다치거나 죽지는 않아. 그때의 지하철은 불에 활활 잘 타는 소재로 만들어졌거든. 안전기준도 지금보다 약했고, 화재에 대처하는 방식들이 지금보다는 많이 부족

했어. 그런데 예전과는 달리 오늘 우리가 타고 온 지상철이랑 지하철은 안전해. 왜냐하면, 대구 지하철 화재 참사로 다치거나 목숨을 잃은 분들 덕분이야. 이 참사로 대구시민안전테마파크가 만들어졌어. 너희들 어린이집, 유치원에서 한 번쯤은 다 견학 갔다 온 곳인데. 기억나?"

"조금 기억이 나는 것 같기도 하고, 아닌 것 같기도 하고…"

"기억이 안 나도 괜찮아. 다음에 엄마 아빠랑 다 같이 가보도록 하자. 우리가 이렇게 발전된 지상철, 지하철을 타고 다닐 수 있는 것은 바로 희생자분들로 인해서야. 희생자분들을 절대로 잊어서는 안 돼. 지금 우리의 안전함과 편리함을 당연하게 생각하면 안 되는 거야. 늘 감사하는 마음을 간직해야 해. 이분들의 희생을 꼭 기억하자."

어느새 아이들의 눈에는 눈물이 그렁그렁했다. 아이들이 느끼는 그 감정을 나도 다시 되새겼다.

뒤에 들어온 꼬마와 꼬마의 엄마가 대화하는 소리가 들렸다.

"엄마! 이것 봐! 전화기랑 벽이 다 불에 탔어!"

"그러게. 세상에나… 쯧쯧쯧, 얼마나 뜨거웠을까!"

그 대화를 듣고 둘째가 나에게 물었다.

"엄마, 저기 공중 전화기랑 벽에 걸린 간판들도 불에 다 탄 거야?"

"탄 부분도 있지만, 엄마가 봤을 때는 녹은 것 같은데? 불이 나면 불에 직접 타는 것들도 있지만 그 열기 때문에 녹아내리기도 해. 사람도 너무 뜨거운 열기 때문에 끝내 견디지 못하거나 불에 타면서 생기는 여러 가지 가스 때문에 숨을 못 쉬어서 질식해서 죽는 사람 등, 여러 경우가 있어. 저기 저 공중전화기 수화기는 아무래도 열기에 녹은 것 같아."

뒤이어 들어온 꼬마는 기억 공간을 보는 내내 엄마에게 손가락으로 이것저것을 가리켰다. 그때마다 꼬마의 엄마가 "어 그래그래. 아이고야… 쯧쯧쯧."이라고 반응하는 모습을 보며, 이렇게 생생한 현장교육의 기회 앞에서 꼬마에게 아무런 설명이 제공되지 않는 상황이 안타까울 뿐이었다. 꼬마의 눈은 초롱초롱했다. 호기심에 가득 차 손가락으로 가리키는 모든 것에 대해 알고 싶어 했다. 물론 사전 정보 없이 맞이하게 된 상황이라는 것을 이해 못 하는 건 아니다. 다만, '스피치를 한 번이라도 배웠더라면…'이라는 생각에 아쉬워서 그렇다. 내가 모르는 것이라 하더라도 그 자리에서 휴대폰을 열어 검색하면 다 나온다. 정보들이 쏟아져 나온다. '눈으로 얼른 훑고 중요한 부분을 요약할 수 있는 실력이 있었다면 좋았을 텐데…'라는 생각에 아쉬움이 남아 그렇다.

이 글을 읽는 당신은 어떠한가? 일상생활 속 자신의 스피치 실력을 점검해 보자. 그리고 '스피치는 특별한 사람이 특별한 곳에서 하는 것인가?'에 대해서도 생각해보자.

우리는 이미 매 순간 스피치를 하고 있다. 기억하자! 최고의
경쟁력을 가지는 방법은 단 하나. 바로 스피치 실력이다!

06

스피치 능력을 키우는 열쇠는
바로 열정이다

"넌 애도 셋이나 키우는데 스피치까지 배울 시간이 있어? 게다가 일도 하고, 남편이랑 자주 만나지도 못해서 도와줄 사람도 없을 텐데. 어떻게 스피치까지 배워? 진짜 대단하다."

내가 자주 듣던 말이다. 이 질문의 답은 딱 하나다. 바로 '열정'이 있었기 때문이다. 후회와 원망으로 가득 찬 내 삶에서 벗어나고 싶었다. 그것도 아주 간절하게 말이다. '지금 상황에서 벗어나려면 도대체 어떻게 해야 하는 거지?'를 끊임없이 생각했다. 어두운 생각에서 벗어나기 위한 노력 또한 열정적으로 했나 보다. 지금의 삶을 바꾸려는 방법을 열정적으로 생각하니 내 앞에 찾아온 기회를 바로 잡을 수 있었다. 그 기회를 성공으로 이

끌기 위해 열정적으로 스피치 능력을 키웠다.

스피치는 익숙한 것에서 새로운 것을 볼 수 있게 한다. 워킹맘의 삶은 고단하다는 익숙한 생각에서 오히려 가치가 높은 나 자신의 새로운 모습을 봤다. 그래서 익숙해진 언어 치료 분야에서 나의 전문성과 사명감을 스피치 실력으로 극대화한 결과, 많은 언어치료사 사이에서 새롭고 신선한 경쟁력을 갖추게 됐다. 특히 스피치는 아나운서나 전문 강연가에게 해당된다는 익숙한 사고방식을 새롭게 전환했다. 우리는 매 순간 스피치를 하고 있다는 새로운 사실을 알리고 있다. 이 사실이 여러분들을 지금의 익숙함에서 벗어나 삶의 활력을 주게 할 것이다.

"요즘 뭐든 다 귀찮아. 뭘 하려는 열정이 없어. 예전에는 어떤 일이든 다 열정적이었는데 말이야."

육아가 한창인 엄마들은 모든 열정을 육아에 쏟아붓는다. 하지만 모든 육아맘이 육아로 인해 다른 곳에 열정이 없는 것은 아니다. 육아에 열정을 쏟아붓는 삶에 만족한다면 괜찮다. 하지만 "애들만 바라보고 있는 내가 사회에서 도태되는 것 같아.", "육아에서 잠시나마 벗어나 나를 찾고 싶어."라는 말을 한 적 있다면 다르게 생각해야 한다. 열정은 한정적이지 않다. 100만큼의 열정 중에 육아에 50, 다른 것에 50. 이렇게 하지 않아도 된다. 육아에도 100, 다른 것에도 100이 가능하다. 내가 스피치를 배우기 시작했다고 해서 육아에 소홀해진 것이 아닌 것처럼 말이다. 스피치 능력을 키우기 위해 쏟은 열정 덕에 오히려 아이들에게 긍정적인 영향을 줬다. "우리 딸들은 무엇이든지 도전할 수 있다! 성공할 수 있다! 실패하면 또다시 도전하면 된다!"라는 응원을 매일 하게 됐으니 말이다. 어딘가에 열정을 쏟고 싶은가? 그 열정으로 내 삶에 활력을 되찾고 싶은가? 그렇다면 스피치 실력을 높이는 데에 그 열정을 쏟아보자. 스피치 실력도 높아지고 삶의 활력도 되찾게 되는 만족스러운 결과를 가지게 될 것이다.

스피치 실력을 높이는 데 열정을 쏟기 시작하면서 나는 더 이상 내 인생을 걱정하지 않게 되었고 예전의 익숙한 생활에 안주하지 않기로 다짐했다. 열정이 없는 삶은 희망 없이 사는 것과 같다는 것을 알게 됐다. 열정 없는 삶을 상상해보자. 열정이 없으니 어떤 일에도 도전하지 않을 것이다. 열정이 없으니 그저 남을 부러워만 할 것이다. "만약 당신의 자녀에게 단 하나의 재능만을 줄 수 있다면 열정을 주어라."라는 브루스 바튼의 말을 늘 되새긴다. 스피치를 배우면서 알게 된 열정의 기적 같은 힘을 나의 아이들에게도 늘 전하고 있다. 우리 가족과 나와 함께하는 모든 이들의 지금보다 더 빛날 미래를 그려본다.

"오늘 스피치 수업 주제는 미래의 나에게 영상 편지 쓰기야.

각자 어른이 된 나에게 보내는 거야. 장래희망이 뭔지 생각해보고 그것을 이미 이뤘다고 생각하고 말해보는 거야. 꿈을 이루기에 가능했던 자신의 장점을 2가지 이상 생각해보자.”

아이들은 각자 장래 희망을 말했다. 그중 한 아이는 나에게 다시 질문했다.

“선생님! 저는 다음 주 수요일의 저에게 영상 편지를 쓰면 안 될까요?”
“안 될 거 없지! 좋아!”

L은 전교 부회장 선거를 며칠 앞두고 있었다. 긴장이 많이 되면서 설레기도 한 복잡한 감정이었겠지만 수업에 집중하려 노력했다. L은 평소에도 늘 열정적으로 스피치 수업에 참여하는 믿음직스러운 아이다. L의 영상 편지 촬영 순서가 됐다.

“안녕, 다음 주 수요일의 L아! 나는 이번 주 토요일의 L이야! 전교 부회장이 되고 싶어서 스피치 학원에서 연습 많이 하더니, 결국 전교 부회장이 됐구나! 정말 축하해! 앞으로 전교 부회장으로서 우리 학교 학생들을 위한 공약을 모두 꼭 지키길 바란다! 고생했다! 안녕!”

L의 영상 편지 촬영이 끝나자마자 모두 큰 박수를 보냈다. 이 어린아이에게서 어떻게 이런 열정이 뿜어 나오는 건지 정말 놀라웠다. 그러던 중 같은 반 여자아이가 한마디 했다. "그런데 안 될 수도 있는 거 아니에요?" 예전이라면 내가 대신 이렇게 대답을 내놓았을 것이다. "물론 안 될 수도 있지. 하지만 안 되면 어때? 목표를 이루기 위해 노력한 경험은 아주 값지고 귀한 거거든. 시행착오를 겪으면서 다음번엔 더 잘할 수 있게 되는 거야." 하지만 이번엔 달랐다. L이 어떻게 대답할 것인지 궁금했다. 나는 L을 미소를 지으며 바라봤다.

L이 말했다. "어 맞아. 안 될 수도 있지. 아주 강력한 후보가 있긴 하거든. 근데 뭐! 괜찮아! 최선을 다하는 내 모습 자체가 멋진 거야!"

나는 '옳거니!' 하며 엄지손가락을 치켜세웠다. 그룹 수업이 끝나고 L에게 말했다. "아까 말 잘하던데!"

"에이. 쌤! 쌤이 늘 말했던 거잖아요! 그거 똑같이 말한 거예요. 쌤이 말했던 거!"

내가 늘 강조했던 '지금의 내 모습을 자랑스러워하기', '스피치를 배운 사람은 자신감이 철철 넘친다.', '실패하더라도 다시 도전하기' 등을 L이 잘 활용한 것이다. 우리는 선거 전날 개인지도 일정을 조율했다. 그리고 나는 지금 이 시각 L을 기다리고 있다. "힘 있는 목소리는 자신감에서부터 나온다!"를 기본으로 준비된 원고를 열심히 연습하려 한다. 내일 있을 선거에 분명 좋은 결과가 있을 것이라 믿는다. 전교 부회장에 당선이 되고 안 되고에 초점을 맞춘 좋은 결과를 말하는 것이 아니다. 내가 말하는 좋은 결과란 당선이 됐을 경우 자만하지 않고 리더로서 공약을 지켜가는 것, 당선이 안 됐을 경우 결과에 빠져들지 않고 다시 일어서는 힘을 배우는 것을 말한다.

지금까지 스피치를 배우면서 깨달은 것이 많다. 그리고 스피치 강사로 활동하면서도 끊임없이 배우고 있다. 이번의 L의 모습에서 어른인 내가 배울 점이 있었던 것처럼 말이다.

미라클 모닝으로 유명한 강연가 김미경의 열정대학, 그리고 과거 논란이 됐던 열정 페이에서도 알 수 있듯이 사람들은 '열정'을 중요시한다. 열정만 있다면 나이와는 상관없이 공부를 시작할 수 있다. 사회초년생의 열정을 임금으로 바꿀 수 있다고 발상할 수 있을 만큼 우리는 열정의 가치를 높게 여긴다.

당신은 어디에 열정을 쏟고 싶은가? 스피치 실력을 높이는 데 그 열정을 쏟아보자. 삶에 대한 열정이 더 높아질 것이 분명하다. 그 결과로 만족스러운 삶을 경험하게 될 것이라 장담한다. 스피치 실력이 높아지면 삶의 만족도가 올라간다. 이 모든 사이클의 열쇠는 바로 '열정'이라는 것을 꼭 기억하자.

07

도전하는 당신은
결국 해낼 것이다

"혹시 다음 주에도 수업을 부탁드려도 될까요?"

약속돼있던 전공과 학생들의 스피치 수업은 2회였다. 하지만
학생들의 눈에 띄는 긍정적 변화로 1회를 더 진행하기로 했다.
이 모든 것이 스피치 배우기에 도전한 결과다. 처음에는 본래의
직업 외에 또 다른 직업을 갖는다는 것이 막연했다. "둘 다 제
대로 할 수 있을까?"가 가장 큰 걱정이기도 했다. 하지만 걱정
보다 도전의식이 강해진 나는 달렸다.

인생 곡으로 꼽는 노래가 있는가? 나는 스피치를 시작하면서
내 인생 곡이 생겼다. 바로 S.E.S의 '달리기'다.

"지겨운가요. 힘든가요. 숨이 턱까지 찼나요. 할 수 없죠. 어차피 시작해 버린 것을. 쏟아지는 햇살 속에 입이 바싹 말라 와도 할 수 없죠. 창피하게 멈춰 설 순 없으니. (중략) 이유도 없이 가끔은 눈물 나게 억울하겠죠. 일등 아닌 보통들에겐 박수조차 남의 일인걸. 단 한 가지 약속은 틀림없이 끝이 있다는 것. 끝난 뒤엔 지겨울 만큼 오랫동안 쉴 수 있다는 것"

스피치를 배운 후 긍정적인 눈으로 세상을 바라보게 됐다. 하지만 아무리 그렇다 하더라도 때론 힘에 부칠 때가 분명히 있다. 그럴 때면 '내가 왜 이렇게까지 열심히 하는 거지?', '내가 너무 유별난가?' 하는 생각도 한다. 그러나 그것은 아주 잠시뿐. 나는 다시 일어서고 도전한다. 그러면 결국엔 '역시 그때 포기하면 어쩔 뻔했어?', '다시 마음잡길 잘했다.'라고 하며 마무리된다. 만약 '애들 봐줄 사람도 없는데 내가 무슨 스피치를 배운다고. 이제 와서 그런 거 배우면 뭘 해.' 하고 배우지 않았다면? 여전히 부정적인 눈으로 세상을 살아가고 있을 것이다. 열정을 잃어버린 활력 없는 삶 속에서 후회와 원망에 잠겨 우울해하고 있었을 것이다. 하지만 스피치에 도전한 나는 지금 어떤가? 결국 해냈다. 언어치료사로서 더 강해진 경쟁력으로 날개를 달았고, 스피치 강사로서도 내 영역을 넓혀가고 있다. 게다가 유전자 컨설턴트로도 활동을 시작했다. 스피치실력과 상담스킬을 모두 갖춘 나는 컨설턴트로서도 손색이 없다. 그리고 지금은 이렇게 책도 쓰고 있다. 내 버킷리스트 목록 중 하나인 '베스트셀러 작가로서 독자들에게 싸인하기'를 이루기 바로 전이다.

내가 이렇게 계획한 일들을 하나씩 해낼 수 있는 이유가 무엇이라 생각하는가? 나는 방송사 공채 아나운서도 아니었다. 유명한 강연가도 아니었다. 유명하지 않았고, 열정이 없었고, 스펙도 없었다. 오히려 자존감이 낮았던 워킹 맘 중의 한 명일 뿐이었다. 그랬던 내가 스피치에 도전하면서 많은 것들을 해냈다. 당신은 어떠한가? '내가 유명하지 않아서, 나는 열정이 없어서, 나는 스펙이 없어서.'의 이유로 아직 도전하지 않고 있는가? 그렇다면 지금부터 도전하자. 지금 유명하지 않아도, 지금 열정이 강하지 않아도, 스펙이 없어도 스피치를 당장 시작할 수 있다. 그것을 내가 증명해 냈다.

찰리 채플린의 "인생은 가까이서 보면 비극이지만 멀리서 보면 희극이다."라는 말이 있다. 지금 보면 현재 내 인생은 비극과 같다고 생각할 수 있다. 하지만 멀리 보자. 내 인생을 희극으로 멋지게 마무리 지어보자. 내 인생을 멋진 희극으로 만들 방법은 오로지 '도전'이다.

"치료받으면 진짜 좋아지나요? 제가 좋아질 수 있을까요?"
"개인마다 치료 기간이나 효과에 차이는 있을 수 있죠. 그런데 A님은 직접 검색해서 저한테 이렇게 연락해 주셨잖아요. 그리고 치료를 결심하셨어요. 이 자체가 반 이상 성공입니다. 도전해야 성공하죠. 이미 도전하셨어요. 충분히 잘해 내실 수 있어요. 제가 장담해요."

"선생님 말씀 들으니 엄청나게 큰 위안이 됩니다. 제가 이 질문을 하면 일단 시작해봐야 알 수 있다고 대답하는 곳이 꽤 많았거든요. 정말 믿음이 갑니다. 앞으로 치료 열심히 받겠습니다."

전문가인 언어치료사가 치료에 대한 확신이 없으면 안 된다. 그러나 전문가임에도 확신이 없는 대답을 하게 될 때가 종종 있다. 그 이유는 '도전'과 '실패'를 함께 생각하기 때문이다. 나 또한 그랬다.

"사람마다 개인차가 있으므로 정확한 기간과 효과를 말씀드리기는 조심스럽습니다. 하지만 치료받으시면 분명 효과는 있을 겁니다."라고 할 수밖에 없었다. 왜냐하면, 나조차도 도전을 두려워하는 사람이기 때문이었다.

수학계의 노벨상이라 불리는 필즈상을 허준이 미국 프린스턴 대학 교수가 수상했다는 기사를 봤다. 한국계로서는 첫 수상이다. 쏟아지는 여럿 기사 중 기억에 남는 인터뷰가 있다. 중학교 3학년 때 수학 경시대회 참가를 고민했다고 한다. "지금 시작하기엔 너무 늦었다."라는 교사의 말을 듣기도 했다. 하지만 지금의 허준이 교수는 이렇게 말한다.

"그 시절 나는 스스로 수학을 못하는 아이라고 생각했다. 지금 생각하면 어떤 일이라도 시작하기에 늦은 일은 없다."

명언 중의 명언이 아닐 수가 없다.

"살이 너무 많이 쪘어. 역시 나잇살이란 게 있긴 한가 봐. 먹는 양 조절로는 다이어트가 안 되네. 어휴."

"얼마나 쪘어?"

"최근 3년 동안 10kg은 쪘을 거야. 안 빠져 안 빠져. 절대로 안 빠지네."

"운동을 같이 해야지. 먹는 걸로만 다이어트하면 몸 상해."

"그럴까? 운동을 하긴 해야 해. 건강검진 받으러 갔더니 내장지방 때문에 의사가 살 빼래. 하하하!"

"나도 개인 피티 몇 번 받아봤는데 효과는 좋더라고. 온몸이 후덜덜할 정도로 운동시키더라. 근데 운동 끝나고 씻고 나오면 그 나름의 개운함이 있어. 코로나 때문에 길게는 못 했는데도 등 근육 장난 아니었어! 하하하!"

"그래? 흠… 아휴. 뭐 이제 와서 누구한테 잘 보이려고. 이 나이에 다시 날씬해져서 뭐 하겠어? 하하하!"

'누구한테 잘 보이기 위해서가 아니라 너를 위해서 건강관리에 도전해야 해.'라고 말해주고 싶었다.

  첫째 딸과 둘째 딸의 피아노 콩쿠르를 앞둔 어느 날이었다.
첫째 딸이 말했다.
  "엄마. 나 너무 떨려. 상 못 받으면 어떡해?"
  "열심히 준비했는데 상 못 받을까 봐 걱정이구나."
  "응."
  "상 못 받아도 돼. 네가 콩쿠르에 참가하는 이유는 상을 받기
위해서가 아니라 목표를 위해 노력하는 법을 익히기 위해서야.
그리고 콩쿠르라는 큰 무대에 올라가는 것이 어떤 기분인지, 그
긴장감을 이겨내고 준비한 곡을 끝까지 연주해 내는 경험을 위
한 거야. 물론 상을 받으면 더 좋긴 하지. 하지만 콩쿠르 참가가
오로지 상 받기 위함만이 아니란 걸 알아야 해."
  "응."

  얼마 후 참가한 콩쿠르에서 첫째 딸, 둘째 딸은 나란히 '준대
상'을 받았다. 기뻐하는 딸들에게 말했다.

  "와! 무대에서 떨리지 않았어? 많이 떨렸을 텐데 끝까지 해냈
네!"
  "응. 처음에 너무 떨렸어. 그래서 기도했어. 실수하지 않고
끝까지 연주하게 해주세요. 이렇게."

"나도 나도! 나도 언니처럼 기도했어! 그래서 끝까지 실수 안 하고 연주했어!"

상을 받지 못할까 봐 걱정하던 딸들은 스스로 자신을 안정시키는 방법을 터득했다. 인생 처음으로 겪어보는 극도의 긴장감을 떨쳐 버릴 방법을 스스로 알아낸 것이다. 도전 속에서 배울 수 있는 이겨냄의 힘은 아무리 엄마라 하더라도 말로 이해시킬 수 없다.

1년이 지난 올해는 첫째 딸의 두 번째 콩쿠르 일정이 잡혀 있다. 처음이 아닌 두 번째 도전이니 처음보다 긴장감이 훨씬 덜하다. 반복적으로 틀리는 부분을 더 여러 번 연습한다. 몸이 기억할 수 있게 하는 방법은 연습만이 답이라는 것을 경험했기 때문이다.

"어려운 일이라도 도전해야지!", "힘들다고 벌써 포기하면 어떡하니? 일단 해 봐야지!"

이 말을 누구에게 할 것인가? 아이가 아닌 나 자신에게 먼저 해야 한다.

힘들고, 숨이 턱까지 차고, 쏟아지는 햇살 속에 입이 바싹 말라가는 것 같은가? 할 수 없다. 이미 인생은 시작돼 버렸다. 포

기하면 지는 거다. 포기란, 김치 담글 때나 쓰는 말이다. 멈춰
서면 창피하다. 도전하자! 희극으로 완성된 내 인생에서 두 발
뻗고 편안하게 쉬어보자. 도전하는 당신은 결국 해낼 것이다.

아이를 잘 키우기 위해서도
스피치를 배워야 한다

아이를 낳은 후에는 한 가지 생각뿐이었다. 내 아이를 잘 키우기 위해서, 우리 가족이 행복해지기 위해서는 일을 많이 해서 수입을 올리는 것이 유일한 방법이라 생각했다. 하지만 이 생각은 스피치를 배운 후 아주 잘못됐다는 것을 알게 되었다. 아이를 잘 키우기 위해서, 우리 가족이 행복해지기 위해서는 내 생각을 바꿔야 했다.

스피치를 배우기 전에는 '일을 조금이라도 더 해야 해.'에만 집중한 나머지 그것이 뜻대로 되지 않으면 신경이 날카로워 그 영향이 아이들에게 고스란히 갔다. 일이 많은 날이면 몸은 몸대로 지쳐서 아이들과 부딪힐 때가 많았다. 그럴 때마다 '내가 무엇을 위해 이렇게 사는 거지? 아이들 잘 키우려고 열심히 일하고 있는데 이게 뭐지?'라는 생각에 힘이 빠졌다. 스피치를 배운 후에는 긍정적인 사고를 가지게 되면서 '생각을 바꾸니까 이런 방법들이 눈에 보이는구나. 더 좋은 방법들이 있나 찾아봐야겠어. 일단 해보자.'라며 늘 자신감에 차 있다. 아이를 잘 키우려면 경제적인 지원보다 정서적인 지원이 더 중요하다는 걸 아주 크게 경험했다.

이 책을 쓰는 동안 지나온 시간들을 돌이켜 봤다. '언젠가 나도 작가가 되고 싶다'는 꿈을 포기하지 않았고 그것을 상상했다. '언젠가 나도 방송하는 사람이 돼야지.'하며 SNS로 다른 사람들의 생각을 들여다보고 내 생각도 꾸준하게 기록했다.

내 꿈을 이루고 싶다는 끈을 완전히 놓아버렸다면 어떻게 됐을까?

결혼, 출산, 육아, 경제적 어려움. 이 모든 것이 버겁게만 느껴져 결국 손을 다 놔버렸다면 어떻게 됐을까?

다행히도 꿈에 대한 끈을 놓기 전에, 버겁게 느껴지는 일상을 놔버리기 전에 스피치를 접했다. 요즘 시대를 살아가는 데 스피치는 필수다. 스피치를 잘하면 어느 자리에서도 눈에 띄고 좋은 평가를 받는다. 이것은 외부적인 것이다. 외부적인 것이 중요한 만큼 내부적인 것도 중요하다. 스피치를 하면 긍정적인 사고를 하게 되는데 그것이 아이에게 아주 많은 영향을 준다.

얼마 전 7살인 막내가 과자를 뜯으며 화를 냈다.

"아 진짜! 왜 이렇게 안 뜯어져! 짜증나!"

그러자 9살인 둘째가 막내에게 말했다.

"그럴 때는 짜증내지 말고 가위로 싹둑 자르면 되는 거야. 해보고 안 되면 언니한테 말해. 도와줄게."

막내가 가위로 싹둑 자르더니 둘째에게 말했다.

"어! 그러네! 언니 고마워!"

예전의 나였다면 막내가 짜증냈을 때 내가 더 화를 참지 못하고 버럭했을 것이다.

"엄마한테 잘라달라고 하면 되지. 왜 짜증내는 거야!"

우리 모두 육아가 처음이라 어렵고 힘들다. 최적의 방법을 모르기에 이 스트레스로부터 벗어나고 싶을 때가 많다. 그러면서도 아이도 잘 키워내고 싶은 것이 엄마의 마음이다. 이 책을 읽었다면 그 해답을 이제 알게 되었으리라 생각한다.

글을 쓰는 두 달의 시간은 치열했다. 나만 치열한 시간을 보낸 것이 아니다. 남편과 세 아이들 모두 치열한 시간이었다. 엄마가 있던 저녁시간은 아빠로 대체했고 빨래, 설거지와 같은 집안일도 남편이 도맡아 했다. 수업이 다 끝나도 센터에 남아 목표한 분량의 글을 쓰고 집으로 갔다. 스피치를 배운 후 변화된 나에게 남편과 세 아이는 온 마음으로 나를 응원했다. 이렇게 에필로그로 책을 마무리 짓는 지금도 늘 나에게 조건 없는 사랑을 주고 나를 믿어주는 남편에게 가장 큰 감사를 표현하고 싶다.

그리고 이 책이 나오기까지 나의 모든 사람들에게 감사드린다. 특히 지금의 스피치 실력을 갖게 해 주신『공태영의 마스터 스피치』대표이자 방송인 공태영 원장님께 큰 감사를 드린다. 그리고 늘 우리 가족을 위해 기도해 주시는 꿈의 교회 이창희 목사님, 김영미 사모님께 감사드리며 원고 전체를 꼼꼼하게 감수해주신 강훈 작가님께도 아주 큰 감사를 드린다. 또한 책을 잘 만들어주신 행복에너지에 무한한 감사를 드리며 나의 모든 인생을 믿어주시고 큰딸을 자랑스러워하시는 부모님과 언제나 진실로 나를 사랑해주시는 하나님 아버지께 감사드린다.

인생을 바꾸는 스피치의 힘!

권선복(도서출판 행복에너지 대표이사)

　인간은 지구상에서 살아가는 모든 동물 종(種) 중에 고도의 언어를 사용하는 유일한 종으로 분류됩니다. 언어는 개인의 의사와 감정을 타인에게 표현하는 역할을 하지만, 동시에 언어 자체가 언어를 사용하는 사람의 사고방식과 정신구조를 변화시킬 수 있다는 점은 여러 전문가들의 연구 결과로 밝혀진 사실이기도 합니다. 또한 사용하는 언어는 자신의 사회적 이미지를 만드는 가장 큰 요소로 작용한다는 점을 생각해 볼 때, 언어의 힘이 한 개인의 인생을 바꿀 수 있다고 해도 손색이 없을 것입니다.

　이 책 『인생을 바꾸는 기적의 스피치』는 세 아이의 엄마로서 경력단절과 번아웃 등으로 많은 어려움을 겪었던 최현혜 저자가 스피치를 배우고 언어치료사로 활동하면서 새로운 인생을 일구어 낸 과정을 담은 에세이임과 동시에 스피치의 기술과 지식을 일상 속에서 어떻게 적용하고, 어떻게 나 자신과 주변 사람들을 긍정적으로 바꾸어 나갈 수 있는지를 보여주는 가이드북이기도 합니다.

좌절과 어려움 속에서 타인을 원망하며 감정을 쏟아내다 보면 문제가 오히려 악화되는 경우가 많습니다. 저자 역시 그런 시기를 겪었지만, 스피치를 배우기 시작하면서 근본적으로 자기 자신을 변화시키는 것이 타인을 긍정적으로 변화시키는 지름길이라고 이 책을 통해 힘주어 이야기합니다. 스피치를 통해 자신의 자존감과 품격, 긍정적인 자아를 높이는 데 성공하고, 타인을 더 긍정적으로 대하는 법을 알게 되었고, 결과적으로 선한 영향력을 통해 주변을 변화시키는 데 성공한 것입니다.

이와 더불어 이 책에서는 '긍정적인 자아 이미지 그리기', '내 스토리를 더하기', '상대방의 말 경청하기', A-B-A' 공식 활용하기', '공감을 부르는 단어 활용하기' 등 상대를 내 편으로 만드는 스피치 기술을 통해 아주 사소한 말과 행동의 습관을 변화시키는 것만으로도 더 나은 자신의 사회적 이미지를 형성하고, 주변에 대한 선한 리더십을 발휘해 나갈 수 있도록 돕고 있습니다.

이 책 『인생을 바꾸는 기적의 스피치』를 읽는 독자분들의 인생에 변화와 자신감이 함께하기를 희망합니다!

노인이 살아야 나라가 산다

전병태, 류동순 지음 | 값 20,000원

책은 고령화사회 대한민국의 현실을 직시하고, 그에 대한 장기적이면서도 현실 적인 대책 시행을 촉구하는 한편 노년층 개인들 역시 생산적이며 존경받는 계 층이 될 수 있도록 노력해야 한다는 점을 강조한다. 또한 젊은이들의 존경을 받 을 수 있는 마음가짐과 실천방안, 노년층에게 최적화된 걷기 운동 팁, 생활살림 이 익숙하지 않은 남성 노인들의 홀로서기를 위한 생활 '꿀팁' 등을 공유한다.

(인생이 바뀌는) 행복한 책 쓰기

양병무 지음 | 값 20,000원

현재 행복경영연구소 대표이자 책과글쓰기대학 학장으로 활동 중인 양병무 저 자는 본서를 통해 과감하게 누구나 책을 쓸 수 있으며, 책 쓰기는 인생에 반드 시 한 번은 해봐야 할 정도로 중요한 일이라고 선언한다. 또한 본서는 자신만 의 책을 쓰기 위해 일기, 독서노트, 신문칼럼, 여행기 등을 활용하여 자신의 삶 을 글감(콘텐츠)으로 정립하고 기획하며 실제 책으로 만들어 나가는 과정을 친절하게 안내하고 있다.

망루에서 세상을 보다

남궁 랑 지음 | 값 20,000원

이 책 『망루에서 세상을 보다』는 경복대학교 세무회계학과 교수이자 한북신문 논설위원인 남궁 랑 교수가 한북신문을 통해 연재한 바 있는 시사칼럼을 포함하여 격동하는 대한민국의 현재와 미래를 바라보는 시선을 담은 칼럼집이다. 특히 저자는 급속도로 인류를 변화시키는 4차 산업혁명과 미래 기술 발전을 주요 소재로 삼아 격동하는 세계사 속 대한민국의 미래에 대한 예리한 관점을 제시한다.

교육학 개론

김성제, 강주영 지음 | 값 25,000원

본서는 교육의 현상 및 행위에 관한 학문적 탐구과정과 그 과정을 통해 얻는 지식체제인 교육학에 대해 가독성(可讀性) 있게 제대로 기술한 교재이다. 교육학 개론의 일반적인 교과 편제를 따르면서 세부 내용도 논리적이고 체계적으로 수록하였다. 또한, 인터넷 연수를 듣는 것처럼 '생각해보기', '복습 점검', '연습문제', 그리고 '학습정리' 등으로 영역을 구분하여 학습자에게 맞춤식으로 편성되었다.

나의 좌선일기

최명숙 지음 | 값 20,000원

이 책 『나의 좌선일기』는 서울 청담중학교 교장으로 은퇴할 때까지 학생들의 교육을 위해 평생을 노력해 온 교육인 최명숙 저자가 은퇴 후 정신건강을 위해 시작한 좌선 수련과 사색의 과정을 기록한 일기이자 수필이다. 좌선 수행을 시작하면서 느끼는 고통, 극복을 통한 희열, 고민과 회의 속 다짐 등의 복잡다단한 감정을 가감이나 꾸밈없이 세심하게, 동시에 담담하게 글로 풀어내어 깊은 울림을 보여준다.

본국무예(本國武藝)

임성묵 지음 | 값 88,000원

임성묵 총재의 『본국무예』는 20여 년간 한·중·일 무예서를 연구해 온 저자가 완숙의 경지에서 쓴 역작 중의 역작이다. 임 총재는 집요한 연구와 고대 문헌 해독을 통해 고대의 무예와 함께 동아시아 문화의 원류가 되는 잃어버린 우리 민족의 거대한 세계관을 밝혀내었으며 이러한 연구의 총집편이라고 할 수 있는 이 책은 한국 무예의 역사와 정체성을 밝히는 큰 등불이 될 것이다.

그 이름 어머니

태화 이혜숙 지음, 효림 진태결 그림 | 값 17,000원

인간이라면 누구나 어머니라는 세 글자에서 다른 그 무엇에서도 느낄 수 없는 울림을 느끼게 된다. 태화 이혜숙 시인의 시집 『그 이름 어머니』는 100여 수가 넘는 시 속에 일관적이면서도 다양하게 어머니에 대한 사랑과 그리움을 녹여내어 독자들의 마음속 백인백색의 '어머니'에 대한 감정을 되살려내며 시간과 공간을 뛰어넘는 애틋하고 아련한 감성을 전달하고 있다.

위대한 나를 만드는 독서모임

민의식 지음 | 값 20,000원

이 책은 2016년 『사람은 다 다르고 다 똑같다』를 출간하여 화제를 불러일으킨 공감소통전문가 민의식 작가의 신작으로 '초연결'과 '초융합'이라는 키워드를 통해 변화하는 사화에 적응하며 하고 싶은 일을 찾아 행복하게 살아갈 수 있는 방법과 미래 비전을 제시하고 있는 책이다. 또한 이러한 자기계발을 이루는 실질적 해결책으로 '독서모임 활동'을 제안하며 실질적인 독서모임 활동의 전략과 방법을 설명한다.

'행복에너지'의 해피 대한민국 프로젝트!

<모교 책 보내기 운동> <군부대 책 보내기 운동>

한 권의 책은 한 사람의 인생을 바꾸는 힘을 가지고 있습니다. 한 사람의 인생이 바뀌면 한 나라의 국운이 바뀝니다. 그럼에도 불구하고 많은 학교의 도서관이 가난하며 나라를 지키는 군인들은 사회와 단절되어 자기계발을 하기 어렵습니다. 저희 행복에너지에서는 베스트셀러와 각종 기관에서 우수도서로 선정된 도서를 중심으로 <모교 책 보내기 운동>과 <군부대 책 보내기 운동>을 펼치고 있습니다. 책을 제공해 주시면 수요기관에서 감사장과 함께 기부금 영수증을 받을 수 있어 좋은 일에 따르는 적절한 세액 공제의 혜택도 뒤따르게 됩니다. 대한민국의 미래, 젊은이들에게 좋은 책을 보내주십시오. 독자 여러분의 자랑스러운 모교와 군부대에 보내진 한 권의 책은 더 크게 성장할 대한민국의 발판이 될 것입니다.